인문학은
언어에서
태어났다

강준만 지음

인문학은 언어에서 태어났다

재미있는 영어 인문학 이야기

인물과
사상사

"엄마, 왜 미더덕이라고 하는 거예요?"

"엄마, 왜 미더덕이라고 하는 거예요?"

"너는 왜 김윤정이니?"

대학원 수업 시간에 어원語源 문제에 대해 논의하던 중 대학원생 김윤정 양이 어린 시절 엄마와 주고받은 대화라며 해준 말이다. '문화연구'를 전공하는 김 양은 어렸을 때부터 단어의 어원에 관심이 많았다고 한다. 나 역시 똑같은 취미가 있기에 어찌나 반가웠던지. 정년퇴직 후 한국어 어원사전을 이야기 형식으로 재미있게 써보겠다는 꿈을 키우고 있는 나로서는 김 양이 더욱 예뻐 보이기까지 했다.

수업이 끝난 후 인터넷에서 미더덕을 검색해 보았더니, "미더덕과에 속하는 동물. 우리나라 전 연안에 분포하며 날로 먹거나 된장찌개에 넣어 먹는데 특히, 마산 지방의 미더덕찜은 유명한 향토음식이다"는 설명이 나온다. 왜 미더덕인지에 대해선 말이 없다. 몇 개 더 클릭을 해보았더니 『네이버 두산백과』에 이런 설명이 나온다. "물에 사는 더덕과 닮은 것이라고 해서 미더덕이라는 이름이 붙었다. '미'는 '물水'의 옛말이다."

너무도 반가워 혼자 "『두산백과』, 정말 좋은 사전이네!"라고 중얼거렸다. 2년 전에 출간한 『교양영어사전』의 '머리말'에서 소개했듯이, 나는 교환교수차 갔던 미국 콜로라도 덴버에서도 가자마자 그곳 사람들에게 "왜 콜로라도라고 하나요? 왜 덴버라고 하나요?"라는 질문을 던졌다. 그런 호기심은 관련 서적들을 사 모으는 것으로 발전했고, 그 책들을 읽으면서 미국의 역사와 문화에 대해 많은 것을 배웠다.

내가 최근 출간한 『한국인과 영어: 한국인은 왜 영어를 숭배하는가』에서 했던 이야기지만, 다시 한 번 강조하고 싶다. 나는 그 책에서 "영어 광풍에 너그러워지자"는, 다소 엉뚱하게 들릴 법한 주장을 펼쳤는데, 그 뜻은 '영어 광풍'을 둘러싼 우리 사회의 위선적 이중성을 직시하자는 것이다. 자신은 성공하기 위해 영어 공부를 열심히 하면서 사회를 향해선 '영어 광풍'을 질타하는 방식으론 '영어 광풍'을 약화시키기 어렵다는 의미다.

좀더 실사구시實事求是 정신에 충실해보자. 영어를 인문학처럼 공부하면 안 되나? 즉, 인문적 지식을 쌓아가는 방식으로 영어 공부를 할 수는 없겠느냐는 것이다. 나는 이런 문제의식을 갖고 『교양영어사전』(2012), 『교양영어사전 2』(2013)를 출간했다. 영어 단어와 관련된 어원, 역사적 배경, 인문학적 지식, 현대적 사용법 등 다양한 정보와 지식을 제공하려고 애쓴 책이다.

일부 독자들의 호평이 있긴 했지만, 이 책들은 각각 864쪽과 800쪽에 이르는 방대한 분량으로 인해 일반 독자들에겐 가깝게 다가가기 어려운 한계가 있었다. 그래서 이번엔 분량을 대폭 줄여 『인문학은 언어에서 태어났다』라는 새로운 제목과 새로운 형식의 글쓰기로 독자들 곁에 좀더 다가서고자 했다. 이 책은 상당 부분 나의 '독서 노트'이기도 하다. 매일 책을 읽을 때마다 이 작업을 염두에 두고 챙겨놓곤 했던 것을 이 책에서 한껏 활용했다는 뜻이다. 영어를 인문학처럼 공부하는 재미를 누리는 독자가 많기를 바란다.

2014년 11월

강준만

차례

제5장 인간관계와 소통

제6장 성性과 남녀관계

음식
문화

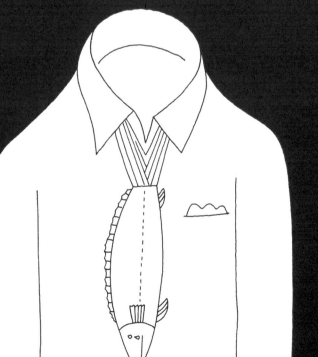

왜 베이컨이 생활비와 성공의
상징이 되었나?

bacon

"수많은 사람이 사랑하는 음식 베이컨. 특히 미국인들은 샌드위치, 도넛과 함께 먹고 치약마저 베이컨 향기를 넣을 정도로 그 사랑이 대단한데요. 베이컨 좋아하시는 분들, CNBC 제인 웰스 기자가 소개한 이 오토바이를 보시면 많이 놀라실 겁니다. 왜냐구요? 이 오토바이가 바로 베이컨 기름으로 만든 바이오 디젤의 힘으로 움직이기 때문입니다. 스팸으로 유명한 회사 호멜 푸드가 만들어낸 오토바이입니다. 배기구에서는 향긋한 베이컨 냄새가 풍긴다고 합니다. 탈 때마다 식욕을 자극할 것 같은데요. 이 오토바이는 베이컨 기름 1갤런으로 160킬로미터 정도를 갈 수 있다고 하는데요. 여기에 드는 돈은 3.5달러, 450여 그램의 베이컨 살 돈이면 충분합니다. 심지어 유해 물질도 배출되지 않아서 그야말로 친환경 연료로 쓸 수도 있다네요."

2014년 9월 3일 SBS CNBC 오진석 기자가 전한 리포트의 일부다. 재미있는 내용이긴 하지만, 호멜 푸드Hormel Foods가 연출한 홍보술의 승리로 보는 게 좋을 것 같다. 식욕을 자극하는 향긋한 냄새도 좋긴 하지만, 『영국 암저널British Journal of Cancer』에 실린 최신 논문에 따르면 베이컨bacon처럼 가공된 육류는 췌장암 위험률을 높인다고 하니 말이다. 이 논문에 따르면 매일 가공육을 50그램씩 더 먹을 때마다 췌장암 위험률은 19퍼센트 증가한다고 한다.

미국 사람들이 아침 식사로 많이 먹는 단골 메뉴 중 하나는 프라이팬에 튀긴 베이컨이며, 우리나라도 식문화가 서구화되면서 베이컨을 가정식으로 먹는 일이 많아졌다. 베이컨은 삼겹살과 비슷해 보이지만 가공식품과 생고기라는 차이점이 있다. 베이컨은 원래 돼지의 옆구리 살을 이르는 말이지만 오늘날엔 각종 가공 과정을 거친 돼지 옆구리 살을 가리킨다.

베이컨은 지방질이 적은 돼지의 옆구리 살에서 갈비뼈를 제거하고 직육면체로 자른 다음 피를 모두 짜내고 소금에 절이는 식으로 만드는데, 제조법은 햄과 거의 같으나 소금절임의 방법이나 사용하는 부위가 조금 다르다. 베이컨에는 돼지의 옆구리 살을 사용한 정상적인 제품 외에 옆구리 살을 원통형으로 만든 롤드 베이컨, 훈연을 하지 않고 삶기만 한 보일드 베이컨, 로스 고기를 사용한 로스 베이컨(덴마크식 베이컨), 뼈 있는 로스를 사용한 캐나다식 베이컨 등 여러 가지가 있다.[1]

바로 이런 높은 인기 덕분에 베이컨은 영어에서 생활비와 성공의 상징이 되었다. 그 대표적 표현이라 할 bring home the bacon은 "생활비를 벌다, 성공하다, 입상하다, 이기다, 기대한 만큼

성과를 올리다"는 뜻이다. 예컨대, 이런 식으로 쓸 수 있다. Both Richard and Stephanie got jobs to bring home the bacons for their children(리처드와 스테파니는 아이들을 키울 생활비를 벌기 위해 일자리를 구했다). The football team brought home the bacon(그 축구팀은 승리를 거두었다).[2]

이 말의 유래에 대해선 여러 설이 있으나, 몸에 기름을 칠한 살아 있는 돼지를 잡는 시합에서 우승한 사람에게 베이컨을 주었기 때문에 생겨난 말이라는 설, 결혼 생활을 잘한 부부에게 상으로 베이컨을 주었기 때문이라는 설 등이 유력하다. 그 밖에도 베이컨을 상으로 주는 다른 경기들이 꽤 있었던 것 같다.[3]

save one's bacon이란 표현도 있다. "중대한 손해(위해)를 모면하다"는 뜻이다. 중세시대에 베이컨은 보통 사람들이 먹을 수 있는 유일한 고기였기에 특히 겨울철에 베이컨을 잘 보관하는 것은 매우 중요한 일이었다. 베이컨을 잘 지키는 게 중대한 손해를 모면하는 일이라고 할 수 있을 정도로 말이다. It was quick thinking that saved our bacon(우리가 위험을 모면한 것은 순간적인 판단 덕분이었다).[4]

왜 '샐러드 시절'이 '풋내기 시절'을 뜻하게 되었는가?

● salad days

　　"'풀'로만 지칭되던 '샐러드'가 달라지고 있다. 샐러드에 대한 수요가 늘면서 관련 상품이 쏟아지고 있다. 더 이상 존재감 없는 조연이 아닌 당당한 주연으로 거듭나고 있는 요즘 샐러드를 소개한다.……패밀리 레스토랑에서만 볼 수 있었던 샐러드 바가 대형마트에 등장하기도 했다.……샌드위치 전문점과 같이 샐러드만을 요리하는 음식점도 생겼다."[5]

　　이처럼 샐러드의 인기가 치솟고 있다. 심지어 고등학교에까지 샐러드 바가 등장했다. "야구명문 군산상업고등학교가 등교 시간은 20분 늦춘 가운데 아침을 굶고 조기 등교하는 학생들을 위한 샐러드 바가 있는 독서교실을 운영해 화제가 되고 있다."[6]

　　한국에서 이 정도이니, 샐러드의 원조인 서양에서 샐러드 인기는 더 말할 나위가 없겠다. 2014년 9월 미국에선 샐러드 자동판매기까지 등장했다. 시카고에서 설립된 신생 회사 '파머스 프리지'가 출시한 샐러드 자동판매기에선 케일과 퀴노아, 파인애플, 블루베리 등이 들어간 디톡스 샐러드를 비롯해 황산화 샐러드, 고단백 샐러드, 크런치 타이 샐러드 등 7가지 종류의 샐러드가 판매된다고 한다.[7]

그런 샐러드 열풍으로 인해 탄생한 말이 바로 salad dodger다. 직역을 하자면 '샐러드 기피자'인데, 이는 바꿔 말해 건강식을 멀리하는 사람, 즉 비만인 사람을 가리키는 말이다. 일상적인 대화에선 "What does he look like(그는 어떻게 생겼어)?"라는 물음에 "Well, he's a bit of a salad dodger(음, 좀 비만형이야)"라는 식으로 쓸 수 있겠다.[8]

그렇다면 salad days는 무슨 뜻일까? 이는 "청년(풋내기) 시절"로, 젊음과 샐러드의 공통점이 green이라고 해서 나온 말이다. 윌리엄 셰익스피어William Shakespeare, 1564~1616의 『안토니우스와 클레오파트라Antony and Cleopatra』에 나오는 말이다. 클레오파트라는 "판단이 미숙했던 나의 젊은 시절my salad days, when I was green in judgment"이라고 말한다. 이제 나이 40이 다 돼 안토니우스와 연애를 하면서 21세의 나이에 줄리어스 시저Julius Caesar와 연애를 하던 시절을 회상하면서 한 말이다.

젊음은 미숙함을 동반하기 마련인데, 이와 관련해 green이 사용된 표현이 많다. a green hand(greenhorn, greener, greenie)는 '풋내기, 초심자', green at one's job은 '풋내기인', green as grass는 '철부지의', in the green은 '혈기왕성하여', "Do you see (Is there) any green in my eye?"는 "내가 그렇게 숙맥으로 보이는

my salad days,
when I was green in
judgment

가?"라는 뜻이다.[9]

I know these are her salad days, but some of her mistakes are so foolish(아직 미숙한 시기란 걸 알아. 하지만 어떤 실수는 너무 한심하단 말이야). Our Salad Days are the carefree periods of youth when mortgages, insurance and taxes are the words about which we do not have to worry(우리의 풋내기 시절은 근심 없는 젊음의 시기이고, 이 시기에는 저당·보험·세금은 우리가 걱정할 필요가 없는 단어다).[10]

왜 '크래프트 맥주 열풍'이
부는 걸까?

●
craft beer

craft는 원래 '힘force'이란 뜻인데, 예술 분야에서 쓰이면서 "기능, 기교, 기예, 솜씨, (특수한 기술을 요하는) 직업, 수공업"이라는 뜻을 갖게 되었다. 처음엔 긍정적 의미의 형용사인 craftlike가 있었으나, 이는 세월이 흐르면서 사라져 갔고 그 대신 부정적 의미의 crafty가 생겨났다. crafty는 '교활한, 간악한'이란 뜻이지만, 그렇다고 해서 craft라는 단어가 갖는 긍정적 의미까지 훼손할 정도는 아니다. 영민함이 기예의 수준에 이르러 교활함의 수준에까지 이르렀다고 이해하면 되겠다.[11]

craft beer(크래프트 맥주)는 소규모 양조업체가 대大자본의 개입 없이 전통적인 방식에 따라 만드는 맥주를 말한다. 대형 맥주업체가 대량생산하는 천편일률적인 맛에 질린 사람들은 각 지역에서 생산하는 특색 있는 맥주를 선호한다. craft의 핵심은 "외롭고 지루

한 노동, 완성도에 대한 비타협성, 창의력"이기 때문이다.[12]

2012년 미국 대통령 버락 오바마Barack Obama도 백악관 역사상 처음으로 가정용 맥주 양조기를 구입해 설치했으며, 2013년 4월 오하이오주는 연간 3,900달러(430만 원)인 주류 면허세를 소규모 양조업체에는 1,000달러로 깎아주는 법안을 통과시켰으며, 미시간주와 오클라호마주 등 다른 주들도 크래프트 맥주 업계 지원 법안을 추진하는 등 미국에 '크래프트 맥주 열풍'이 불고 있다.[13]

이미 몇백 년 전부터 영국과 벨기에 등에는 마이크로브루어리microbrewery(소규모 맥주 양조장)가 있었다. 크래프트브루어리와 마이크로브루어리는 넓게는 같은 개념이지만 크래프트 맥주를 규정할 때는 '맥주철학'을 조금 더 따진다. '비어포럼'의 공동운영자인 이인호는 "크래프트 비어의 창의적인 발상과 실험, 다양한 시도가 호응을 얻는 것이다"라고 말한다.

2012년 12월 『허핑턴포스트』에 따르면 미국의 양조장 수는 2,757개로, 미국 역사상 최고치를 경신했다. 1980년대 시작된 미국의 크래프트 맥주 역사의 결과다. 2009년 미국 전체 맥주산업의 매출 규모가 2.2퍼센트 줄 때 크래프트 맥주의 판매액은 10.3퍼센트, 판매량은 7.2퍼센트 증가했다고 한다. 한국에서도 크래프트 맥주가 점차 인기를 누리고 있다.[14]

'백인들이 좋아하는 것'이라는 웹사이트의 개설자인 미국 작가 크리스천 랜더Christian Lander는 "백인들은 쉽게 구할 수 있는 것을 좋아하지 않는다. 맥주도 예외가 아니다. 거의 모든 백인들이 버드와이저Budweiser, 라바츠Labatt's, 몰슨Molson, 쿠어스Coors, 하이네켄Heineken 같은 맥주를 피하려 한다. 대량생산은 나쁜 것이기 때문이다"며 다음과 같이 말한다.

"팹스트 블루 리본Pabst Blue Ribbon은 합격점을 받는다. 광고를 하지 않고, 멋진 캔에 담겨 있으며, 무엇보다 저렴한 편이기 때문이다.……그러나 팹스트는 극히 이례적인 경우다. 백인들이 맥주 한잔 하고 싶을 때 애용하는 곳은 마이크로브루어리다.……바에 가서 아무도 들어본 바 없는 맥주 하나를 주문할 수 있다는 것은 백인들에게 세련된 맥주 미각에 대한 자부심을 갖게 해준다."[15]

팹스트 블루 리본은 1882년부터 제조되기 시작한 맥주 브랜드로, 캔에 그려진 푸른색 리본 이미지가 주는 청량함이 특징이다. 이 맥주는 1980년대에 판매 부진을 면치 못했으나, 2000년대 초반에 이르러 일리노이(특히 시카고)·필라델피아 등지에서 예상치 못한 인기를 끌면서 현대 힙스터hipster 하위문화를 상징하는 브랜드가 되었다.[16]

권투의 '그로기'와 럼주는 무슨 관계인가?

○
groggy

「담합 과징금 이어 입찰 제한까지…건설사들 '그로기'」, 「일 터질 때마다 밤낮없이 월화수목금금금…'그로기' 금감원」, 「악재 두들겨 맞은 KT, 그로기 빠져」, 「'슈퍼맨' 윤형빈, 서언이 눈물에 함께 울어 '그로기 상태'」, 「'나혼자산다' 노홍철, 김광규 이사 돕다 그로기 상태」, 「'도시의 법칙' 백진희, 하루 만에 그로기 상태」.

포털에서 '그로기'를 검색해보니, 이와 같은 기사 제목들이 뜬다. 이 정도면 확실한 외래어로 자리를 잡은 셈이다. 일반적으로 그로기groggy는 "(강타, 피로 등으로) 비틀거리는, 휘청거리는, (집, 기둥, 책상다리 등이) 흔들흔들하는, 불안정한"이란 뜻이지만, 원래는 권투에서 강편치를 맞아 몸을 가누지 못하고 비틀거리는 걸 가리키는 말이다. 하지만 그 기원은 더 거슬러 올라간다.

영국의 유명한 해군 제독 에드워드 버넌Edward Vernon, 1684~1757은 늘 grogram으로 만든 옷을 입었기에 "Old Grog"라는 별명으로 불렸다. grogram은 견모교직絹毛交織의 거친 피륙을 말한다. 당시 배를 타던 사람들은 군인이건 민간인이건 매일 술을 마시는 게 관행이었다. 그만큼 뱃일이 힘들었기 때문이다. 버넌은 1740년 자신의 부하들이 술을 적게 마시게 하기 위해 매일 배급되는 럼주rum를 "럼주 1대 물 3"의 비율로 희석해 마시도록 했다. 그래서 물을 탄 술을 가리켜 grog이라고 한다. 그러나 희석된 럼주를 마셔도 비틀거릴 정도로 취하는 병사는 나오기 마련이어서 그렇게 비틀거리는 걸 가리켜 groggy라 부르게 되었다는 이야기다.[17]

I'm a bit groggy myself(나 역시 상당히 지친 상태일세). I try to work hard, but it's hard to give one hundred percent, when you're groggy from a lack of sleep(나는 열심히 일하려고 하지만, 수면 부족으로 피곤한 상태에서 100퍼센트 일에 전념하기란 쉽지가 않다). However late I go to bed, I always wake up around 6:00, which sometime makes me feel really groggy during the day(나는 아무리 늦게 잠자리에 들어도 6시 정도면 깨기 때문에 가끔 낮 동안에 정말 나른해진다).[18]

커피와 카페테리아는
무슨 관계인가?

○
cafeteria

cafe는 프랑스어로 영어의 coffee에 해당되는 말이지만, '커피 마시는 집'이라는 장소의 개념으로 쓰였다. 이탈리아 출신의 프란시스코에 의해서 1680년 파리에 최초의 '커피 마시는 집'이 생겼다.[19] café로 쓰기도 한다. 18세기 초 런던에서만 3,000개의 카페가 운영되었는데, 이들은 커피 값 1페니만 내면 누구든 커피를 마시며 지적 대화와 토론에 참여할 수 있다고 해서 '페니 대학Penny University'으로 불렸다.[20]

cafe society는 19세기 말 뉴욕, 파리, 런던 등의 고급 카페를 중심으로 이루어진 상류층의 모임을 말한다. 1950년대 말부터는 비슷한 뜻의 단어로 "jet set(제트 비행기를 타고 다니는 사람들)"이 쓰였지만, cafe society라는 말은 지금도 사용되고 있다.[21]

cafeteria는 coffee shop을 스페인어로 부르던 명칭인데 실제로 커피숍과는 거리가 멀다. 1893년 미국의 기업가 존 크루거John Kruger가 스웨덴에서 본 뷔페식당을 시카고박람회에서 미국 버전으로 선보이면서 지은 이름이라고 한다.[22]

임귀열은 "학교나 직장에는 구내식당이 있다. 병원, 학교, 교도소, 박물관, 백화점 등에도 이런 식당이 있는데 이런 식당을 cafeteria라고 부르는 이유는 table serving 하는 사람이 없기 때문이다"며 이렇게 말한다. "Cafeteria는 규격화된 음식을 이용자가 직접 갖다 먹는 점에서 Buffet 식당과 같지만 음식의 종류나 질은 그만 못하다. Cafeteria라는 이름은 dining hall, dining facility, lunchroom, chow hall 등으로도 불리고 있고 근래에 유행하는 Food Court도 일종의 cafeteria다."[23]

cafeteria-line model of communications는 언론의 역할과 관련, 대중이 정보를 알아서 골라먹는다는 것으로 언론엔 특별한 사명은 없다는 모델을 말한다. 언론의 능동적 역할을 강조하는 이른바 사회책임이론social responsibility theory과는 전혀 다른 모델이라 할 수 있겠다.[24]

생강과 혁신은
무슨 관계인가?

ginger

　　　　　　　　"8월부터 11월까지가 제철인 생강을
접하면서 생강의 효능에 대해 사람들의 관심이 높아지고 있다. 생강
은 신진대사 기능 회복과 해독 효능이 뛰어나며, 생강의 매운 맛을
내는 '진게론'과 '쇼가올'이라는 성분은 티푸스와 콜레라균 등에 강
한 살균작용을 해 감기약으로 효과가 탁월하다. 생강은 칼로리가 적
어 다이어트에도 효과적이다. 또한 구토를 멈추게 한다 하여 임신을
한 여성이 입덧을 하는 시기에 생강을 한 조각씩 씹기도 한다. 소화
흡수에도 도움을 준다. 특히 생강은 혈압을 올려주는 작용을 하기
때문에 정력 보강에도 좋다. 아라비안나이트에서 생강은 '신이 내
린 정력제'로 등장하며, 중국의 성인 공자도 몸을 따뜻하게 하기 위
해 식사 때마다 생강을 챙겨 먹은 것으로 알려져 있다."[25]

　　포털에 '생강'을 검색해보면 이와 같은 '생강 예찬론' 관련 기

사가 무수히 많다. 생강은 영어로는 ginger인데, 그 어원은 영국 시인이자 어원학자인 앨런 로스Alan J. Ross, 1922~2001가 이 주제만으로 1952년 74쪽에 이르는 논문을 썼을 정도로 엄청나게 복잡하다. ginger는 비유적으로 '자극'이라는 뜻으로도 쓰인다. 같은 맥락에서 ginger group은 "조직 내의 소수 혁신파"라는 뜻이다. 왜 이런 뜻을 갖게 되었을까?

18세기 말 영국에서 말 장수들은 말을 팔기 직전 말의 항문 속으로 생강 한 조각을 집어넣었다. 생강이 오죽 맵고 독한가. 깜짝 놀란 말이 일시적으로나마 활기에 넘치는 듯한 효과를 내기 위해서였다. 이런 관행에서 ginger up(기운을 돋우다, 격려하다)이라는 표현이 나왔고, 이어 1920년대에 ginger group이란 말이 탄생했다. 주로 영국에서 쓰는 말이다. We must think of some way to ginger up this feeble campaign(우리는 이 맥없는 캠페인에 생기를 불어넣어 줄 몇 가지 방책을 강구해야만 한다).[26]

gingerly는 "신중한, 매우 조심스러운, 신중하게, 매우 조심스럽게"라는 뜻인데, 생강ginger과는 아무 관련이 없는 단어이며, 프랑스 고어古語인 genzor가 그 기원이다. genzor는 영어로 delicate(섬세한, 민감한, 미묘한, 정밀한)를 뜻했는데, 이와 연관된 뜻으로 보면 되겠다. Laboratory technicians must be trained to handle delicate instruments gingerly(실험실 기술자들은 섬세한 기구들을 매우 조심스럽게 다루도록 훈련받아야 한다).[27]

하드보일드 문학과 달걀은
무슨 관계인가?

hard-boiled

　　"케이블TV OCN에서 방송 중인 '나쁜 녀석들'은 강력범죄를 저지른 이들을 모아 더 나쁜 악을 소탕하려 한다는 이야기로 최근 주목을 받고 있다. 시청률도 2퍼센트대로 케이블치고는 꽤 준수한 성적을 기록하고 있다. '나쁜 녀석들'이 관심을 받는 요소는 다양하다. 무엇보다 최근 방송가에서 보기 드물었던 하드보일드hard-boiled 풍의 드라마라는 점이 눈길을 끈다. 이 드라마는 폭력적인 사건에 캐릭터들이 무감각한 자세로 일관하며 전형적인 하드보일드 스타일을 구사한다."[28]

　　이 기사처럼 대중문화 관련 기사나 평론에선 '하드보일드'라는 말이 자주 등장한다. 무슨 뜻일까? hard-boiled는 "무정한, 냉정한, 현실적인, 고집 센, 억센, 비정한"이란 뜻이다. hard-boiled의 원래 뜻은 "(달걀 따위를) 단단하게 삶은, (옷을) 빳빳하게 풀 먹인"인데,

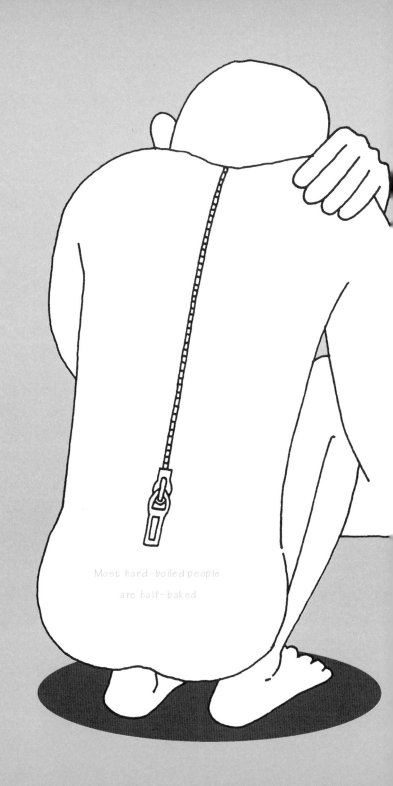

Most hard-boiled people
are half-baked

비유적 의미는 풀 먹인 옷과 관련이 있다.

개척시대의 미국인들은 일요일에 교회에 가거나 공식적인 행사가 있을 때엔 끓는 물에 삶아 때를 뺀 뒤 빳빳하게 풀을 먹인 셔츠를 입었다. 어찌나 빳빳한지 "단단해질 때까지 셔츠를 삶은 게 아니냐"는 농담이 꽤 오고갔을 법하다. 이런 종류의 농담이 바로 비유적 의미의 기원이다.[29]

하드보일드는 비정하고 냉혹한 문체라는 특징을 갖고 있는 미국 문학 장르의 이름이기도 하다. 범죄소설, 특히 탐정물로 폭력과 섹스를 냉혹하게 묘사하며, 등장인물들의 특성도 그러하다. 1920년대 중반 캐럴 존 델리Carroll John Daly, 1889~1958가 개척한 장르인데, 1920년대 후반 대실 해밋Dashiell Hammett, 1894~1961이 유행시켰고, 1930년대에 레이몬드 챈들러Raymond Chandler, 1888~1959가 발전시켰다.[30]

Do you like your egg soft-boiled or hard-boiled(계란은 반숙으로 할까요, 완숙으로 할까요)? Most hard-boiled people are half-baked(비정한 사람들은 대부분 미숙하다). 미국 작가이자 이야기꾼raconteur인 윌슨 미즈너Wilson Mizner, 1876~1933의 말이다.

무슨 관계인가?

"소시지 인기가 식을 줄 모르고 있다. 오래된 식품 아이템임에도 불구하고 시간이 갈수록 시장이 커지고 있다. 반면 냉장 식품 대명사 격이던 햄은 내림세가 확연해 보인다.……소시지가 새로운 전성기를 맞이한 것은 1인 가구 등 소규모 가구가 급증하고 캠핑 등 아웃도어가 새로운 트렌드로 자리매김한 것과 무관치 않다는 분석이다. 이와 관련해 업계 관계자는 '햄은 직접 썰어서 요리를 해먹어야 하지만, 소시지는 간단하게 굽거나 전자레인지로 데워 먹으면 되므로 1인 가구와 아웃도어 활동에서 선호도가 점점 높아지는 추세'라고 밝혔다."[31]

이 기사가 말해주듯, 1인 가구와 아웃도어 활동의 증가로 소시지의 전성시대가 열리고 있다는 게 흥미롭다. 하지만 조심해야 할 게 있다. 염분 함량이다. 소시지라는 말 자체에 소금이라는 뜻이 들어 있다. sausage(소시지)는 "소금에 절인 고기salted meat"라는 뜻의 라틴어 salcisius에서 비롯된 말이다.

인류역사상 최초의 소시지는 기원전 3000년경 중국에서 염소 고기로 만들어진 것으로 전해지고 있다. 미국에서 소시지의 속어俗語는 banger인데, 이는 한때 소시지가 싸구려로 만들어진 나머지 물기가 많아 불 위에서 요리를 할 때 펑 하고 터지는 소리bang가 났기 때문이다.[32]

소금에서 나온 단어들은 sausage 외에도 salary, salad, sauce 등이 있다. 'salary'는 원래 라틴어로 '소금 살 돈'이라는 뜻이었는데, 이는 로마 군대가 병사들에게 소금 사 먹을 돈을 균일하게 지급한 데에서 유래한 단어다. 로마인들은 간단히 식사를 해결해야 할 때는 생야채에 소금만 쳐 먹었는데, sals(라틴어로 소금)를 쳤다고 해서 'salad'라고 했다. 오늘날에는 생야채 요리를 salad라고 한다. sauce(소스)도 무엇인가가 소금에 절여졌다salted는 뜻을 가진 라틴어 단어 salsa에서 유래된 것이다.[33]

미국인들이 즐겨 먹는 '핫도그'는 '닥스훈트 소시지'를 말한다. 1852년 독일 프랑크푸르트Frankfurt 지방의 정육업자들은 가늘고 긴 소시지를 만들어 '프랑크푸르터frankfurter'라는 이름을 붙였다. 한 정육업자가 날씬하게 길게 뻗은 닥스훈트dachshund 개를 갖고 있었는데, 길다란 몸과 짧은 다리를 가진 이 개의 모습이 프랑크푸르터와 비슷하다 해서 일명 '닥스훈트 소시지'로 알려지게 되었다. 영국에선 닥스훈트를 sausage dog라고 한다.[34]

바비큐는 원래
무슨 뜻이었나?

barbecue

바비큐barbecue는 미국이 생겨나기 전 아이티Haiti에 살던 타이노Taino 인디언들이 해먹던 고기 요리 방법을 스페인인들이 barbacoa라 부르던 것에서 비롯된 말이다. barbacoa는 타이노 말로 '나무로 만든 틀'이란 뜻이었으며, 이는 고기를 굽는 용도 외에 침대로도 쓰이던 것이었다. 바비큐는 처음엔 돼지나 소 따위를 통구이로 구워 동네 사람들을 초청해 먹던 음식이었으나, 오늘날엔 통구이도 아니고 동네 사람들을 초청하지 않더라도 고기를 집 밖에서 구워먹는 요리 방법이나 그렇게 구운 고기를 가리켜 바비큐라 부르게 되었다.[35]

미국에서 바비큐 요리 방식은 지역마다 다른데, 텍사스 바비큐의 기본 원칙은 '슬로 앤드 로Slow & Low'다. 섭씨 90~110도 정도의 낮은 온도에서 오랜 시간 구워야 속이 부드럽고 육즙과 향이 살아 있는 바비큐 요리가 만들어진다는 것이다.

텍사스의 바비큐 전문 셰프 제이 매카시는 "텍사스는 소를 방목하며 키우기 완벽한 장소다. 카우보이들이 풀이 있는 곳을 찾아다니며 서너 달씩 '소몰이cattle drive'를 했다. 그때 해먹은 음식이 바로 바비큐다. 텍사스 지방에서 많이 나는 '메스키트mesquite'란 나무로 불을 피워 그 열과 연기로 오랜 시간 익혀 먹었다. 그렇게 훈제 방식으로 조리한 고기는 벌레나 박테리아에 강해 이동하며 보관했다 먹기에도 좋았다. 또 메스키트의 연기 맛이 고기의 풍미를 더하는 데 큰 역할을 했다"며 다음과 같이 말한다.

"고기가 직접 불에 닿으면 텍사스 바비큐가 아니다. 열과 연기로만 익혀야 한다. '슬로 앤드 로' 방식으로 오래 요리하면 고기의 조직이 부드러워진다. 고기의 콜라겐 성분이 젤처럼 변해 촉촉한 육즙의 풍미를 즐길 수 있다. 구웠을 때 고기 본연의 맛이 잘 살아나도록 하는 것도 텍사스 바비큐에서 중요하다. 그러려면 특별한 양념을 하지 않아야 한다. 굽기 전 '럽rub(밑간을 뜻함)'하는 과정에서도 소금과 후춧가루, 파프리카 가루, 칠리 가루 등을 조금씩만 사용한다.……바비큐 요리를 하기 가장 좋은 쇠고기 부위는 차돌양지brisket다. 근육과 지방 성분이 적절히 섞여 '마블링'이 잘 돼 있는 부위다."[36]

한국의 바비큐 요리 전문가인 이문기는 바비큐는 그릴링grilling(직화구이)과 바비큐잉barbecuing(간접구이)으로 나뉘지만, 약 90~140도 정도에서 천천히 오래 익히는 후자를 전통 바비큐라고 말한다. 그는 "바비큐는 슬로푸드입니다. 초보자들이 실패하는 이유가 급하게 결과를 보려고 해서죠. 요즘 양지고기로 7~8시간 걸려 바

비큐 하는 것도 있죠"라고 말했다.[37]

2013년 7월 정부가 서비스산업 활성화를 앞세워 도시공원에 바비큐 시설 확대 정책을 내놓으면서 바비큐 시설을 둘러싼 논란이 벌어졌다. 도시민들에게 편리한 레저인프라를 제공한다는 측면에서 찬성하는 의견이 있는가 하면 주변 환경훼손과 교통, 화재, 과도한 음주로 인한 고성방가, 안전상의 이유 등을 들어 반대하는 목소리 또한 높기 때문이다.[38]

2012년 국내 육류 소비량은 217만 7,900톤으로, 국민 1인당 평균 고기 섭취량은 43.7킬로그램, 1일 섭취량이 약 120그램이었다. 가장 많이 먹는 고기는 삼겹살로 대표되는 돼지고기로 총 108만 1,900톤이었고, 닭고기가 60만 8,000톤으로 2위, 쇠고기는 48만 8,000톤으로 뒤를 이었다.

이에 대해 김성윤은 "고기 섭취량보다 어떤 부위를 어떻게 먹느냐가 문제다. 한국 사람이 가장 즐겨 먹는 육류는 돼지고기인데, 특히 삼겹살을 선호한다. 한국인의 삼겹살 사랑은 유난해서, 국내 생산량이 턱없이 부족해 유럽과 미국 등 전 세계에서 삼겹살을 수입하고 있다. 삼겹살은 기름, 즉 지방이 잔뜩 붙은 부위다. 지방은 우리 몸에 특별히 좋을 게 없다. 쇠고기는, 섭취량은 3위로 나왔지만 선호도에서는 1위일 것이다"며 다음과 같이 말했다.

"쇠고기 역시 한국에서는 지방이 고루 끼어 있는 이른바 '꽃등심'을 고급 부위로 쳐준다. 쇠고기의 지방 함량이 높다고 좋은 등급을 받는 나라는 전 세계에서 한국과 미국·일본 외에는 없다. 유럽 등 대부분 지역에서는 살코기를 선호한다. 게다가 한국 사람들은 삼겹살이나 쇠고기를 대개 불판이나 숯불에 구워 먹는다. 고기를 구우면 먹음직스럽게 표면이 갈색으로 변하는 '마이야르 반응Maillard reaction'이 일어나면서 맛과 향이 좋아지지만, 발암 물질이 생성될 가능성이 높아진다. 고기는 물에 삶아 먹는 것이 이상적이다."[39]

왜 미식가를
'에피큐어'라고 할까?

epicure

"음식에 대한 미국인의 코드는 '연료 fuel'다. 미국인들이 음식을 다 먹고 나서 '배가 찼다'고 말하는 까닭은 무의식적으로 음식 먹는 것을 연료 공급으로 생각하기 때문이다. 그들의 사명은 자신의 연료통을 가득 채우는 일이므로, 그 일이 완료되면 임무를 완수했다고 알리는 것이다. 흥미로운 점은 미국 어디에서나 고속도로에서 주유소와 음식점을 겸한 휴게실을 찾아볼 수 있다는 것이다." [40]

프랑스의 문화인류학자 클로테르 라파이유Clotaire Rapaille가 『컬처코드: 세상의 모든 인간과 비즈니스를 여는 열쇠』(2006)에서 프랑스에서는 음식을 먹는 목적이 쾌락이라며 한 말이다. 한국은 미국형이다. 아니 미국을 한국형이라고 해야 할 만큼 한국의 음식문화는 '연료 충전' 모델에 철저하다. 그러나 최근 들어 '먹방 열풍'이 불면서 먹는 쾌락 중심의 음식 문화에 대한 관심도 높아지고 있다.

음식을 도구가 아니라 세련됨을 경험하는 수단으로 보는 미식가 또는 식도락가를 영어로 뭐라고 할까? epicure다. epicurean이라고도 한다. 이 단어들은 쾌락을 인생 최대의 선善이라고 주장한 고대 그리스의 철학자 에피쿠로스Epicurus, B.C.341~B.C.270의 이름에서 비롯된 말이다. 그가 말한 쾌락은 흥청망청 노는 방탕과는 거리가 멀었다. 그는 고통과 고난의 결여와 그에 따른 마음의 평화를 쾌락으로 본 것이므로, 그의 철학이 왜곡되었다고 볼 수 있겠다. epicure는 처음엔 쾌락주의라는 의미로 쓰였으나 점점 뜻이 좁혀져 주로 미식가를 가리키는 말이 되었다. 에피쿠로스는 이런 명언을 남겼다. "The fountain and root of every good is the pleasure of the stomach(모든 선善의 원천과 뿌리는 위胃의 쾌락이다)."

epicureanism은 식도락食道樂을 뜻한다. '연료 충전' 모델에 철저한 사람은 식도락을 사치로 볼 수도 있겠지만, 행여 미식가를 흉볼 일은 아니다. 영국 작가 조지 버나드 쇼George Bernard Shaw, 1856~1950는 "There is no love sincerer than the love of food(음식에 대한 사랑만큼 진실한 사랑은 없다)"고 했다.[41]

제
2
장

식물
동물
자연

왜 '3월의 꽃' 팬지는
'자유사상'의 상징이 되었는가?

pansy

2014년 3월 11일 농림축산식품부와 농촌진흥청은 도로변 화단을 꽃방석으로 꾸며줘 봄을 재촉하는 화사한 꽃 팬지를 3월의 꽃으로 추천했다. 유럽 원산의 제비꽃과로 삼색제비꽃으로 불리기도 하는 팬지의 꽃말은 '쾌활한 마음', '나를 생각해 주세요'다. 팬지는 식용으로도 쓰인다. 팬지 꽃차, 샐러드, 비빔밥, 케이크 등 다양한 음식의 소재로 활용되고 있으며, 식용 팬지를 재배하는 농가가 늘고 있다.[1]

옛날 사람들은 이 꽃의 모습을 보고 사람의 얼굴을 떠올렸다고 한다. 특히 8월이 되면 고개를 떨구는 모습이 꼭 무언가를 골똘히 생각하는 사람의 얼굴을 연상케 했다나. 그래서 "thought(생각)"를 뜻하는 프랑스어 pensée에서 꽃 이름을 가져왔다. 윌리엄 셰익스피어William Shakespeare, 1564~1616의 『햄릿Hamlet』(1601)에서 오필리아

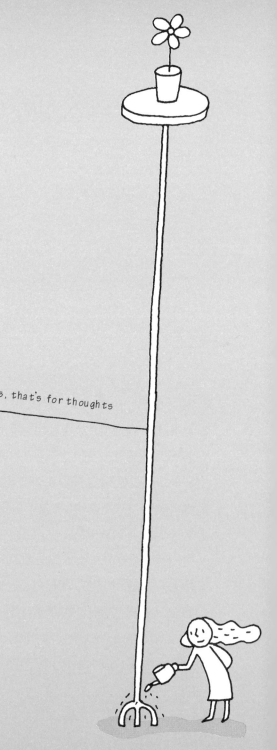

There's pansies, that's for thoughts

Ophelia는 이렇게 말한다. "There's pansies, that's for thoughts."

팬지는 1800년대 말 교회를 무시하면서 종교 문제를 합리적으로 고찰할 것을 주장하는 이른바 '자유사상free thought' 운동을 전개했던 '미국세속연맹American Secular Union'에 소속된 자유사상가free thinker들의 상징이었다. 팬지엔 여자 같은 남자나 동성애하는 남자를 가리키는 뜻도 있으며, 형용사로 쓰이면 "여자처럼 모양을 내는, 뽐내는, 간드러진, 나약한"이란 뜻이다. 이런 의미는 1920년경에 생겨났다.[2]

"내일은 또 내일의 태양이 떠오를 거야Tomorrow is another day." 미국 남북전쟁 시대를 그린 소설 『바람과 함께 사라지다Gone with the Wind』(1936)는 여주인공 스칼렛 오하라Scarlett O'Hara의 유명한 말로 끝맺는다. 그런데 저자인 마거릿 미첼Margaret Mitchell, 1900~1949이 초고를 완성할 때만 해도 여주인공 이름은 '팬지Pansy 오하라'였다. 'Pansy'가 남성 동성애자를 비하하는 속어로 쓰일 때도 있다는 점을 우려해 '스칼렛'으로 바꾸었다고 한다.[3]

왜 동백나무를
'카멜리아'라고 하는가?

camellia

　　학창 시절 국어 공부를 열심히 한 사람에게 동백나무(꽃)라고 하면 가장 먼저 떠오르는 건 김유정의 소설「동백꽃」이겠지만, 이 꽃은 초봄에 피는 생강나무 꽃일 가능성이 크다. 소설의 무대인 강원도에선 생강나무 꽃을 동백꽃으로 불렀다고 한다. 동백冬栢은 '겨울 잣나무'라는 뜻이다. 그래서 고려 중기 문인인 이규보는「동백꽃」이라는 시에서 다음과 같이 노래했다.

　　"복숭아꽃 오얏꽃이 비록 고우나/ 다소 천박한 듯해 믿기 어렵고/ 소나무 잣나무는 특별한 교태 없으나/ 추위를 견디므로 귀히 여기는구나/ 여기에 좋은 꽃을 키워내는 나무가 있어/ 눈 속에서도 능히 꽃을 피우네/ 알고 보면 잣나무보다 나으니/ 동백이란 이름이 맞지 않구나."[4]

　　우리나라의 국민훈장은 5등급으로 나뉘어 있는데, 1등급부터

5등급까지 각 등급을 상징하는 꽃(나무) 이름은 무궁화, 모란, 동백, 목련, 석류다. 3등급에 해당하는 동백冬柏은 영어로는 camellia라고 하는데, 이는 인명人名에서 비롯된 것이다.

camellia는 모라비아Moravia(현 체코)의 제수이트Jesuit 선교사로 필리핀에 파견된 게오르그 조지프 카멜Georg Joseph Kamel, 1661~1706의 이름에서 비롯된 말이다. 그는 라틴어 이름인 Camellus도 사용했다. 동백나무를 필리핀에서 처음 발견해 유럽학계에 보고한 그는 필리핀의 동식물에 관한 여러 책을 저술했다. 유네스코는 그 공로를 인정해 2006년 그의 사망 300주년을 기념하기도 했다.[5]

우리에게 『춘희椿嬉』로 잘 알려져 있는 알렉상드르 뒤마Alexandre Dumas, 1824~1895의 소설 제목은 『La Dame aux Camelias』(1848)다. 영어로는 'Lady of the Camellias', 즉 '동백 아가씨'인 셈이다. 이 작품은 1853년 베르디Giuseppe Fortunino Francesco Verdi, 1813~1901에 의해 오페라 〈라 트라비아타La Traviata〉로 만들어져 세계적인 선풍을 불러일으켰는데, '라 트라비아타'란 '타락한 여인' 즉 '창녀'란 뜻이다.

우리나라에서는 '椿' 자를 '참죽나무'로 쓰는 데 반해 일본은 '쓰바키シバキ', 즉 동백으로 쓰고 있다. 일제강점기인 1937년 국내의 한 극단이 일본식 한자를 받아들여 '춘희'라는 이름으로 첫 공연을 시작한 이후 계속 이 이름을 유지해왔다. 그러다가 2002년 1월 발레리나 강수진이 세종문화회관에서 독일 슈투트가르트 발레단과 함께 공연할 때엔 '카멜리아의 여인'이라는 제목으로 공연해 관객들에게 적잖은 혼란을 빚기도 했다.[6]

Knights of the White Camellia(흰동백기사단)는 1867년부

터 1870년까지 활동한 백인 우월주의 비밀단체의 이름이다. KKK 단과 유사한 동시에 연계된 조직이었다. 1867년 5월 22일 남부군 퇴역장교인 알시비아데스 드블랑Colonel Alcibiades DeBlanc에 의해 루이지애나주 프랭클린Franklin에서 창설되어 여러 남부 지역에 지부를 두었다. 주요 회원들이 백인 하층계급이었던 KKK단과는 달리 흰동백기사단의 회원들은 상층계급에 속했다. 1990년대에 텍사스 동부지역의 한 KKK 단체는 자신들의 이름을 흰동백기사단으로 택했다.[7]

미국 남부를 상징하는 나무의
이름은 무엇인가?

○
magnolia

　　　　목련木蓮은 세계적으로 널리 분포하는 낙엽교목으로 크고 아름다운 흰색 꽃이 핀다. 꽃눈이 붓을 닮아서 목필木筆이라고도 한다. 꽃말은 자연애이며, 북향화라는 또 다른 이름은 전설이 뒷받침해주고 있다. 공주가 북쪽에 사는 사나이를 좋아했다는 전설이 있는데, 그 때문에 봉우리가 필 때 끝이 북쪽을 향한다는 의미가 있다.[8]

　　　　목련은 영어로는 magnolia라고 한다. 1703년 프랑스 식물학자 샤를 플루미에Charles Plumier, 1646~1704가 마르티니크Martinique섬에서 본 목련에 식물의 조직적인 분류 체계를 세운 프랑스 식물학자 피에르 마뇰Pierre Magnol, 1638~1715의 이름을 따서 지었다.[9]

　　　　미국 미시시피Mississippi주의 별명은 Magnolia State다. magnolia는 미시시피주를 넘어서 남부의 상징으로도 쓰인다. 주로

"smells of magnolias(목련의 냄새)"라는 식으로 쓰인다. 1956년 『라이프Life』는 텍사스 출신 정치인 린든 존슨Lyndon Johnson, 1908~1973에 대해 "그는 목련의 냄새를 풍긴다He smells of magnolias"라고 했는데, 이는 존슨이 남부인이라는 걸 말하고자 한 것이었다.

조지아주 출신의 지미 카터Jimmy Carter가 1976년 대선에서 승리한 뒤 조지아 출신들을 대거 백악관에 중용하자, "조지아 마피아Georgia mafia"라는 말이 나왔는데, 1978년 4월 『타임Time』은 그 표현 대신 "매그놀리아 마피아Magnolia mafia"라는 말을 썼다.[10]

목련이 남부에서만 인기를 누리고 있는 것 같진 않다. 미국 전역에 걸쳐 Magnolia란 이름의 도시는 미시시피주의 Magnolia를 비롯해 모두 27개에 이른다. 영어에서 off-white은 "회색을 띤 백색, 순백이 아닌"이란 뜻으로 쓰이는 데, 바로 이런 색을 가리켜 magnolia 색이라고 한다.[11]

'어쌔신'과 대마초는 무슨 관계인가?

●
assassin

       영화 제목과 게임 등에서 '어쌔신'이라는 단어가 많이 쓰이면서 아예 외래어로 정착한 느낌마저 준다. 어쌔신assassin은 "암살자, 자객"이라는 뜻으로, 원래는 11~13세기의 십자군 시대에 기독교도를 암살·폭행한 이슬람교도 암살단을 말한다. 당시 암살 지령은 단원들이 모여 hashish(인도 대마초로 만든 환각제)를 흡입하는 분위기에서 이루어졌기에, 암살자는 hashashin eater of hashish으로 불렸다. 유럽인들이 이 단어를 받아들여 영어에선 assassin이란 단어가 탄생한 것이다.

       환각제를 먹여 살인을 하게끔 하는 건 옛날이야기일까? 그렇진 않은 것 같다. 2014년 10월 28일 미국 CNN 방송은 쿠르드족 군대에 붙잡혀 시리아 북부 지역의 감옥에 수감되어 있는 수니파 무장단체 '이슬람국가IS'의 조직원들을 인터뷰해 IS가 전투 직전 대원들에게 마약을 복용시켰다고 보도했다. 이 보도에 따르면, 시리아 최전선에서 각종 전투에 참전한 IS 대원 카림(19)은 "환각제를 먹으면 생사를 걱정하지 않고 전투에 나갈 수 있다"면서 전투원들이 공포심을 극복할 수 있도록 IS가 의도적으로 마약을 복용시켰다고 설명했다.[12]

정치에선 비유적으로 인신공격을 심하게 하는 사람을 가리켜 character assassin(중상모략자)이라고 한다. 미국 정치에서 character assassin으로 최고의 악명을 떨친 이는 단연 조지프 매카시Joseph R. McCarthy, 1908~1957다. 1946년에서 1954년까지를 흔히 '매카시 데커드McCarthy Decade'라고 부를 정도로 매카시는 상원의원 신분을 이용해 대대적인 '빨갱이 사냥'을 벌였다. 미국의 제33대 대통령 해리 트루먼Harry S. Truman, 1884~1972은 1950년 공개 연설에서 매카시를 character assassin이라고 비난했다.[13]

He is a hired assassin for a radical political group(그는 한 급진적인 정치 집단에 고용된 살인 청부업자다). The assassin said he had acted alone(그 암살범은 자기 단독으로 범행을 했다고 말했다). Rain played in the Hollywood film 'Ninja Assassin'(비는 할리우드 영화 〈닌자 어쎄신〉에 출연했다). Lee Byung-hun returns as Storm Shadow, the ruthless assassin in charge of team Cobra(이병헌은 팀 코브라를 맡고 있는 냉정한 자객인 스톰 새도로 돌아온다).[14]

왜 cajole은 '누구를 구슬러 빼앗다'는 뜻을 갖게 되었는가?

○ cajole

cajole은 "부추기다, 구워삶다, 감언으로 속이다coax", cajole a thing from(out of) a person은 "아무에게서 무엇을 편취하다", cajole a person into(out of) doing은 "아무를 속여서 ~하게 하다(하지 못하게 하다)", cajolery는 "구슬림, 감언, 아첨"이란 뜻이다.

cajole은 무엇에서 유래된 말일까? 유럽에서 가장 흔한 새 중에 jay(어치)가 있다. 미국의 blue jay(북미산 어치)처럼 색깔이 화려하진 않지만 사람의 목소리를 제법 흉내내는 재주가 있어 사람들이 새장에 가둬 키웠다. 이 새는 배가 고프면 주인이 먹이를 줄 때까지 계속 울어댔다. 우는 소리가 그리 좋진 않아 짖어댔다고 하는 게 더 정확한 표현일지도 모르겠다. 그 소리를 표현한 의성어인 cajole이 탄생했는데, 이 단어가 비유적으로 이와 같은 뜻을 갖게 된 것이다.

목적을 이룰 때까지 jay가 짖어대는 것이나 사람이 꾀어대는 것이나 비슷하다고 본 셈이다.

I am not about to cajole or flatter them into the reception of my views(듣기 좋은 아첨으로 그들에게 내 의견을 들어달라는 것은 아닙니다). I cajoled a knife out of him(나는 그를 슬슬 구슬려서 나이프를 빼앗았다). He could plead, cajole or threaten as necessary to achieve his ends(그는 자신의 목적을 달성하기 위해 필요하다면, 간청하고, 구슬리거나, 아니면 을러댈 수 있는 능력이 있었다). He really knows how to cajole people into doing what he wants(그는 사람들을 꼬드겨서 그가 원하는 대로 하도록 하는 방법을 알고 있다). The agreement came only after a long bout of pleading and cajoling(합의는 긴 탄원과 회유가 있은 이후에야 이루어졌다). He cajoled me into going out(그는 놀러 가자고 나를 꼬드겼다). Can't you cajole her into coming?(그녀를 구슬려 오게 할 수 없겠어요?). He was cajoled into buying the gift for her(그는 감언이설에 넘어가서 그녀에게 선물을 사주었다).[15]

왜 정어리를
'사딘'이라고 할까?

sardine

　　　　　　　"수백 마리의 정어리들이 무리를 이뤄
헤엄치는 것을 보고 일사불란한 모습과 덩어리지어 함께 움직이는
모습에 아름다움을 느끼다가 그 아래 유유히 움직이는 두 마리의 상
어를 보고는 모두 흠칫 놀랐다. '예쁜데 좀 무섭기도 하다.' '상어가
있으니까 저렇게 더욱 뭉쳐 있나 보다.' 다소 씁쓸해진 마음을 서로
나눴다.……정어리와 상어를 보며 우리가 사는 현실도 비슷한 것 같
다는 느낌이 들었다. 작고 힘이 없어 위기와 위험에 뭉치는 것밖에
는 할 수 있는 것이 없어 서럽지만 또한 뭉칠 수 있는 누군가가 함께
있다는 것이 든든하기도 하니까."[16]

　　　인제대학교 일산백병원 정신건강의학과 교수 박은진이 아쿠
아리움에서 정어리와 상어가 함께 있는 수족관을 보고 쓴 「정어리
와 상어」라는 칼럼에서 한 말이다. 정어리는 영어로 sardine이라고

한다. 지중해에 있는 이탈리아의 섬 사르디니아Sardinia 근처에 정어리가 많은데다 정어리 통조림 기술이 이 섬에서 발명되었기 때문에 섬 이름을 따 sardine이라고 했다. 사르디니아는 2만 3,821제곱킬로미터의 면적으로 지중해에서 시실리Sicily 다음으로 큰 섬이다. 정어리의 포장 방식에서 나온 be packed like sardine은 "빽빽하게(꽉) 채워지다"는 뜻이다.[17]

African penguins live mostly on sardines(아프리카 펭귄들은 주로 정어리를 먹고 산다). The customers in the disco were packed in like sardines(디스코에 손님들이 콩나물시루처럼 꽉 들어차 있었어요). We're packed in like sardines already(벌써 콩나물시루처럼 꽉 찼어요).[18]

사르디니아Sardinia에서 비롯된 영어 단어가 또 하나 있는데, 그건 바로 sardonic(조롱하는, 비웃는, 냉소하는)이다. sardonic laughter는 "조소嘲笑, 냉소冷笑"다. 사르디니아에서 자라는 독초毒草 Herba Sardonia를 먹으면 안면 근육이 뒤틀리면서 고통스러운 미소를 짓는 데서 연유된 말이다. 말, 글, 제스처 등을 통해 조소와 냉소를 표현하는 걸 sardonicism이라고 한다.[19]

왜 두꺼비가 아첨꾼이
되었을까?

toady

　　　“두껍아 두껍아 헌 집 줄게. 새집 다
오.” 이젠 보기 힘들어졌지만, 과거에 어린 아이들이 모래 장난을 치
며 흔히 부르는 노래였다. 가락국의 건국신화에서 비롯된 이 동요는
우리 역사에서 두꺼비의 이미지가 좋았다는 걸 잘 말해준다. 또 『콩
쥐팥쥐전』의 두꺼비는 자신을 구한 콩쥐를 위해 계모가 깨어진 항
아리에 물 담기를 시킬 때 대신 항아리의 밑구멍을 막아준다. 두꺼
비 꿈이 예부터 길몽, 태몽 등으로 인식되어온 것도 두꺼비의 좋은
이미지를 말해준다. 중국의 두꺼비 관련 민담과 전설도 우리와 비슷
하다.[20]

　　　그러나 서양에선 그런 것 같지 않다. 미국의 유명 저널리스트
이자 작가인 마이클 새비지Michael Savage, 1942~가 세계적인 유명 인
사 50명을 동물에 비유해 화제가 된 『정치 동물원The Political Zoo』

(2006)이라는 책을 보자. 이 책이 반미운동의 선봉에 서 있던 베네수엘라의 지도자 우고 차베스Hugo Chavez, 1954~2013를 전투복을 입은 두꺼비toad에 비유하면서 빈틈없는 냉혈의 양서류라는 점을 강조한 걸 보더라도 두꺼비의 이미지는 영 좋지 않다.[21]

두꺼비에 대한 부정적인 이미지는 아무래도 두꺼비가 귀밑샘에서 분비하는 하얀 젖 같은 진한 독액에서 비롯된 것 같다. 세계적으로 150여 종이나 되어 두꺼비마다 다르긴 하지만, 일부 두꺼비의 독은 큰 개도 단방에 죽게 할 정도로 치명적이다. 남미의 인디언들은 두꺼비의 일종인 독화살개구리Poison dart frog의 독을 화살에 묻혀 사냥에 쓴다고 한다.[22]

그런데 왜 toad(두꺼비)에서 나온 말인 toady는 "아첨꾼, 아첨하다"는 뜻을 갖게 된 걸까? 독과 아첨은 영 어울리지 않는 것 같은데도 말이다. 옛날 전국을 떠돌던 약장수들의 상술에서 비롯된 말이라고 한다. 떠돌이 약장수는 자신의 마술적 치유 능력을 보여주기 위해 자기 조수로 하여금 독이 있다고 알려진 두꺼비toad를 먹도록 했다. 조수는 두꺼비를 먹거나 먹는 것처럼 연기를 하는 걸 비롯해 무슨 일이건 마술사가 시키는 대로 했다. 그래서 아첨꾼이라는 뜻이 나오게 된 것이다.

별로 믿기지 않는 이야기지만, 이 이야기에 들어맞는 영어 표현들이 적지 않으니 믿지 않기도 어렵게 되었다. eat a person's toads는 "~에게 아첨하다", toadeating은 "아첨", toadeater는 "아첨쟁이", toadyish는 "아첨하는, 비굴한, 사대주의적인", toadyism은 "아첨, 아부, 사대주의"를 뜻한다.

That toady is kissing her ass(저 아첨쟁이는 그녀에게 굽실거

That toady is
kissing her ass

리고 있다). It is also uncanny to see "toadyism toward the West" among Japanese politicians, who instantly withdraw remarks in the face of criticism by Europe, while disregarding protests by Korea and China(한국, 중국 등의 항의는 무시하면서 유럽의 비판에는 잽싸게 발언을 철회하는 일본 정치인들의 서구 사대주의도 우습긴 마찬가지다).[23]

'케이퍼 영화'와 염소는 무슨 관계인가?

caper

caper는 "뛰어 돌아다니다, 깡총거리다, 장난"이라는 뜻이다. 염소goat의 라틴어인 capra에서 나온 말이다. 풀밭에서 노는 염소는 전후좌우 방향을 가리지 않고 이리저리 깡총거리기 때문에 도무지 종잡을 수 없다. 그래서 caprice(변덕)와 capricious(변덕스러운)라는 단어도 capra에서 비롯되었다.

Capricorn(캐프리콘)은 "(별자리의) 염소자리, 마갈궁(황도 12궁의 열 번째 자리), 염소자리 태생인 사람, 즉 생일이 12월 21일~1월 20일경 사이인 사람"이란 뜻이다. 연어 요리에 빠지지 않고 등장하는 음식의 이름도 caper지만, 각기 어원은 다르다. 케이퍼는 열매가 아닌 '케이퍼'라는 식물의 꽃봉오리 피클이다.[24]

a childish caper는 "어린아이 같은 천방지축", cut a caper는 "신나게 뛰어다니다, 까불어대다, 광태를 부리다"는 뜻이다.

What's your little caper, then?(그러면 너의 사소한 장난이라는 게 뭐니?). He gave the impression of looking down benevolently on the foolish capers of children from some great intellectual height(지성이 매우 높은 사람이 신나게 뛰어노는 어린아이의 모습을 인자하게 바라보는 듯한 인상을 자아냈다). He cut a little celebratory caper in the middle of the road(그가 길 한가운데서 축하 춤을 추듯 깡충거렸다).[25]

　　범죄자는 범죄를 장난쯤으로 여기고 싶은 걸까? caper는 속어俗語로 "야단법석, (강도 등의) 나쁜 짓, 범죄(계획)"를 뜻한다. 범죄의 치밀한 준비와 실행 과정에 초점을 맞춘 범죄영화를 케이퍼 영화caper movie 또는 하이스트 영화heist film라고 한다. heist는 '강도, 강탈'이란 뜻인데 'hoist'(속어로 훔치다)가 어원이다.

　　국내에서 케이퍼 영화의 대표작으로는 관객 1,000만 명을 돌파한 최동훈 감독의 〈도둑들〉(2012)이 꼽힌다. 그는 〈범죄의 재구성〉, 〈타짜〉 등 케이퍼 영화로 일관해왔고 부인이 운영하는 영화사 이름이 케이퍼필름일 정도로 이 분야의 한 우물을 팠다.[26] "The Thieves" is a heist film, which is also called a caper movie(〈도둑들〉은 절도 영화로 범죄 영화로도 불린다).[27]

양아치와 도요새는
무슨 관계인가?

○
guttersnipe

snipe는 '도요새'인데, 비유적으로 "저격, 비열한 사람, 익명으로 비난하다"는 뜻으로 많이 쓰인다. 왜 그렇게 되었을까? 도요새는 사냥감으로 인기를 끌었지만, 어찌나 민감하고 날쌘지 초보 사냥꾼은 심지어 총으로도 잡기가 힘들었다. 도요새를 잡기 위해선 덤불에 몸을 숨기고 화살이나 총을 몰래 쏘아야만 했다. 이런 관행에서 이와 같은 비유적 의미가 생겨난 것이다.[28]

도요새는 주로 습지나 강둑에 살아 guttersnipe로 불리기도 했다. gutter는 오늘날엔 주로 "하수도"라는 뜻으로 쓰이지만, 중세 영국에선 brook(시내)을 뜻하는 단어였다. 도요새는 먹이를 찾기 위해 끊임없이 습지의 진흙탕을 뒤져댔다. 그 모습이 쓰레기더미를 뒤지는 거지와 비슷하다고 해서 guttersnipe는 "거지, 빈민, 떠돌이, 넝마주이, 양아치"란 비유적 의미를 갖게 되었다. These boys are guttersnipes from the slums of London(이 소년들은 런던의 빈민굴 출신 부랑아들이다).[29]

미국 제34대 대통령 드와이트 아이젠하워Dwight D. Eisenhower, 1890~1969는 같은 공화당 소속이면서도 자신에 대한 비판도 서슴지 않는 조지프 매카시Joseph R. McCarthy, 1908~1957 상원의원에 대해 침묵하면서도 사적인 자리에선 guttersnipe라고 욕했는데, 이 경우엔 '부랑아' 정도로 번역하는 것이 무난하겠다.[30]

sniper는 '도요새 사냥꾼, 저격수'라는 뜻이다. new-media sniper(뉴미디어 스나이퍼)는 뉴미디어가 발달하면서 사이비 언론이나 블로그 등이 특정 기업을 공격하며 여론을 주도하는 '스나이퍼(저격수) 공격'을 한다고 해서 붙여진 용어로, 미국 경영전문지 『하버드 비즈니스리뷰』 2010년 12월호에 실린 「평판 전쟁Reputation Warfare」 논문에 소개된 개념이다. 한국에서도 인터넷 '빅 마우스'로 통하는 파워 블로거의 영향력이 워낙 크다 보니 기업과 중소상인들은 "나 파워 블로거인데"라는 말에 벌벌 떨면서 금품을 갈취당하는 일이 자주 벌어지고 있다.[31]

암모니아와 낙타는
무슨 관계인가?

ammonia

     "전남 여수의 조선소에서 수리 중이던 선박에서 암모니아 가스가 유출돼 수십 명의 부상자가 발생했다. 암모니아는 각종 기계 냉매제로 일상에서는 주로 냉각제와 비료로 사용된다. 가정에서도 냉장고와 에어컨의 냉매로 사용된다. 유독성 기체이기 때문에 작업장이나 일상에서 허용될 수 있는 농도 기준이 정해져 있다. 조금만 유출돼도 특유의 악취가 나며 눈과 피부, 점막을 자극하고 피부에 닿으면 홍반, 통증, 수종 등의 증상이 나타나고 두통과 메스꺼움을 일으킨다."[32]

     2014년 7월 31일 일어난 암모니아 가스 유출사고를 전한 기사의 일부다. 질소와 수소의 화합물인 암모니아ammonia는 화학식이 NH3로, 무색이며 냄새가 자극적이다. 고대 이집트인들이 리비아 사막에 있는 시와Siwa라는 오아시스에 그들이 섬기는 태양신인 암몬

Ammon을 위한 성전을 지으면서 이 지역 일대가 Ammonia라고 불린 데서 비롯된 말이다. 이곳엔 수백 년간 낙타를 탄 대상隊商, caravan들이 머물다 갔기 때문에 낙타의 배설물들이 쌓여 산을 이루었다. 여기서 산출되는 염을 '암몬의 소금'이라고 불렀는데, 이 말은 그 당시 소금과 오줌으로 만들던 염화암모늄을 가리키는 것이었다. 여기서 발생되는 가스에 암모니아라는 이름을 붙인 사람은 1782년 스웨덴의 화학자 토르베른 올로프 베리만Torbern Olof Bergman, 1735~1784이다.[33]

Alcohol, gasoline, and ammonia are volatile substances(알코올, 휘발유, 암모니아는 휘발성 물질이다). Scientists believe that Jupiter is made of gases and fluids consisting of hydrogen, helium, ammonia, and methane(과학자들은 목성이 수소, 헬륨, 암모니아, 메탄으로 구성된 액체와 기체로 이루어져 있다고 믿는다). Ammonia exists as a liquid and a gas(암모니아는 액체와 기체 상태로 존재한다).[34]

'전기'와 '호박'은
무슨 관계인가?

electricity

electricity(전기)에 대한 온전한 이해는 근대에 와서 이루어졌지만, 고대 그리스인들도 정전기static electricity 현상은 이해하고 있었다. 기원전 7세기경 그리스인들은 호박琥珀, amber을 문지르면 가벼운 물건들을 끌어당기는 성질이 있다는 걸 발견했다. amber는 그리스어로 elektron, 라틴어로는 electrum이다.

나무의 진이 화석화해 만들어지는 호박은 색이 아름답고 투명해 옛날부터 사람들이 귀한 보석으로 여겼다. 호박처럼 아름다운 여자라는 뜻의 여자 이름 Electra 등과 같은 어원이다. 호박이 태양과 빛깔이 비슷하다는 이유로 호박을 태양신인 '아폴론의 돌' 또는 '태양의 즙'이라고 불렀는데, 고대 그리스어로 태양 광선이 elektor였기 때문에, 호박은 elektron이라고 한 것이다.

'전기의 아버지Father of electricity'로 불리는 영국 과학자 윌리엄 길버트William Gilbert, 1544~1603는 자신의 저서에서 자석의 힘이 어디서 오는지에 대한 설명을 하며 호박을 문지르면 주변 물체가 호박에 붙는 것과 자기장은 같은 것이라면서 정전기를 '호박성' 즉 electricus라고 불렀다. 오늘날 우리가 쓰는 electricity(전기)와 electronics(전자 기술, 전자 기기)는 바로 호박에서 비롯된 것이다.[35]

전기의 각종 단위인 volt, ohm, ampere, watt 등도 인명人名에서 비롯된 것이다. volt는 이탈리아 물리학자 알레산드로 볼타Alessandro Volta, 1745~1827, ohm은 독일 물리학자 게오르크 옴Georg Ohm, 1787~1854, ampere는 프랑스 물리학자 앙드레 마리 앙페르André-Marie Ampère, 1775~1836, watt는 스코틀랜드 엔지니어 제임스 와트James Watt, 1736~1819에서 유래되었다.[36]

electrocute(전기의자로 처형하다, 감전시켜 죽이다)는 execute(처형하다)에 electro(전기의)를 붙여 만든 말이다. electrocution은 "전기사형, 감전사"를 뜻한다. 전기의자 처형에 관한 이야기는 1880년대 말부터 나왔으나, 통일된 정식 용어로 electrocute가 등장한 건 1909년이다. 초기의 전기의자 처형은 영 순조롭지 못했다. 1888년 뉴욕에서는 교수형 대신 전기 사형 방식을 도입하는 법안이 통과되어 1890년 8월 6일 뉴욕 형무소 당국은 최초로 전기의자를 사용해 살인범을 처형했다. 그러나 이 처형은 8분이나 걸려 사형수에게 엄청난 고문을 한 결과를 초래하고 말았다. 이를 지켜보던 사람들이 실신을 하는 등 참사가 발생했다. 『뉴욕타임스』의 기자는 '구역질나는 스펙터클', '교수형보다도 악질적인 방법'이라고 비난했지만, 이를 상세히 보도한 신문들은 날개 돋친 듯이 팔려 나갔다.[37]

왜 자수정을
'애미시스트'라고 하는가?

amethyst

　　"2월은 추운 겨울을 벗어나 봄의 기운
이 서서히 일어나는 계절이다. 사랑하는 사람 또는 자녀들에게 기억
될 만한 선물을 고민 중이라면 2월의 탄생석인 '자수정Amethyst'을
골라보는 것도 좋을 것이다.……화강암이 많이 분포돼 있는 우리나
라는 자수정 산지로 유명하다. 국산 자수정 산지 가운데 경남 울주
군 언양면의 언양 자수정이 널리 알려져 있다. 타 산지에 비해 붉은
색감이 많이 나타나 인기가 높고 고가다."[38]

　　이와 같은 생활정보 기사가 말해주듯이, 자수정紫水晶은 우리
에게 낯설지 않은 보석이다. 자수정은 영어로 amethyst(애미시스트)
또는 purple crystal이라고 한다. 정식 명칭인 amethyst엔 재미있
는 옛날이야기가 숨겨져 있다.

　　고대 그리스에선 몸에 부적符籍, talisman으로 지니거나 술잔에

넣으면 술에 취하는 걸 막아준다는 돌이 있었다. 그리스어로 '술에 취하지 않은not intoxicated'이란 단어는 'amethystos'인데, 이게 그 돌의 이름으로 쓰이게 되었다. 애미시스트는 삼성 스마트폰의 코드 네임이기도 하다.

애미시스트는 그리스신화에도 등장한다. 술의 신 디오니소스Dionysus는 달의 여신 아르테미스Artemis를 유혹하려고 했지만, 추한 용모 때문인지 거절당하고 말았다. 이에 디오니소스는 누구든 아르테미스의 숲에 들어가는 이는 호랑이들에 의해 잡아먹힐 것이라는 저주를 내렸다. 요정 애미시스트Amethyst가 아르테미스를 경배하기 위해 그 숲에 들어갔다가 호랑이들을 만나자 아르테미스에게 구해달라고 호소했다. 아르테미스는 그녀를 구하기 위해 즉각 그녀를 하얀 돌로 만들어버렸다. 뒤늦게 후회한 디오니소스가 사과의 뜻으로 그 하얀 돌 위에 붉은 와인을 붓자, 하얀 돌은 자주색으로 바뀌었다.[39]

그런 신화로 인해 순결과 불굴의 의지를 상징하는 돌로 널리 알려진 자수정은 무색투명한 일반 수정(백수정)에 철이 섞여 청보라색이나 적보라색을 띠는데, 소량의 철분이 오랜 세월에 걸쳐서 땅속에 있는 약한 방사선에 노출되어 보라색을 띤다. 중세 기독교 시대에는 자수정의 순결함이 높이 평가되어 오래도록 종교의 율법과 금욕의 상징으로 여겨졌으며, 추기경의 반지는 물론, 지금도 신부나 목사의 반지로 많이 쓰인다.[40]

대중문화
와
소비문화

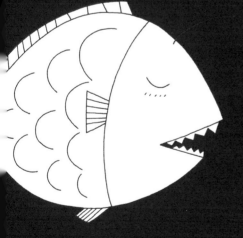

왜 영화나 TV의 연속 모험물을
'클리프행어'라고 하나?

●
cliff-hanger

　　　　　　　　　　　1993년 실베스터 스탤론Sylvester Stallone
이 주연을 맡은 영화 〈클리프행어Cliffhanger〉는 흥행에 성공해 전 세
계적으로 2억 5,500만 달러의 수입을 올렸다. 그 달콤한 맛을 못 잊
어서인지 할리우드는 이 영화의 리메이크를 기획 중이라고 한다.[1]
이 영화는 콜로라도 로키 산맥을 배경으로 산악공원 구조대원의 활
약상을 그린 액션 스릴러물로 진짜 절벽cliff 중심의 영화이지만, 절
벽과는 무관하게 '클리프행어'라는 영화 장르가 존재한다.

　　cliff-hanger는 "(영화, 텔레비전, 소설 등의) 연속 모험물, 스릴
만점의 영화, 마지막 순간까지 손에 땀을 쥐게 하는 것(경쟁), 선거에
서 당락선當落線상에 있는 후보자"를 뜻한다. cliffhanger로 붙여 쓰
기도 한다. 직역을 하자면, "절벽에 매달려 있는 사람"이란 뜻인데,
사람이 절벽에 매달려 있는 것 이상으로 손에 땀을 쥐게 하는 일이

The race was a cliff-hanger,
but the
favorite finally won

또 있을까.

1914년 할리우드 무성영화 시리즈 〈폴린의 모험The Perils of Pauline〉의 개봉 이후 널리 쓰이는 말이 되었다. 펄 화이트Pearl White, 1889~1938가 주연한 〈폴린의 모험〉은 연작 영화로 1914년 4월부터 12월까지 20회분의 모험담을 상영했다. 클리프행어 장르의 영화는 1920년대와 1930년대에 폭발적인 인기를 누렸다.

개표 막판까지 손에 땀을 쥐게 할 정도로 아슬아슬한 선거를 클리프행어라고 부르는 건 1940년대부터였다. In silent-movie cliff-hangers, each episode ended in imminent disaster(무성영화의 연속물에서는 매 작품마다 위기일발의 장면에서 끝이 났다). The race was a cliff-hanger, but the favorite finally won(그 레이스는 불을 뿜는 격렬한 것이었지만 결국 우승 예상 후보가 이겼다).[2]

왜 노래는 귀벌레가 되어야
대박을 칠 수 있나?

●
earvvorm

earworm(귀벌레)은 독일어 Ohrwurm 에서 번역, 차용calque, loan transition된 단어로, 어떤 노래를 듣고 난 후 그것이 계속 귓가를 맴도는 현상, 즉 뇌 안쪽 깊숙한 곳에서 '반복' 버튼을 누른 것처럼 계속해서 노래가 되풀이되는 경험을 말한다. brainworm이라고도 한다. 2009년 제임스 켈라리스James Kellaris의 연구에 따르면, 98퍼센트의 사람이 귀벌레를 경험한 것으로 나타났다.[3]

연구 결과 귀벌레 곡의 상당수는 사람의 움직임에 맞아떨어지는 춤곡이었다. 그러므로 히트곡을 만들려면 사람의 동작 중 표현력이 가장 큰 것을 알아내어 그렇게 소리 나도록 하는 것이 유리하다고 볼 수 있다.[4] 이와 관련, 미국의 신경생물학자 마크 챈기지Mark Changizi는 다음과 같이 말한다.

"추측건대 어떤 노래가 귀벌레가 되는 이유는 율동적이기 때문이라기보다는 '사람들이 움직이는 소리와 맞아 떨어지'기 때문인 듯하다. 즉, 율동적 곡은 인간 동작음과 일치하려는 선택압이 유달리 강했을 뿐이다.……또 다른 가능성은, 어떤 노래가 동작과 밀접하게 연관되면 바로 그 연상 때문에 귀벌레가 된다는 것이다. 그렇다면 음악은 신체에서 운동을 담당하는 프로그램과 함께 묶일 때 뇌에서 더 중요하게 취급된다고 볼 수 있으며, 이 또한 '음악은 동작이다' 이론과 일맥상통하는 듯하다."[5]

미국 신시내티대학의 한 연구에 따르면, 98퍼센트의 사람들이 종종 〈와이엠씨에이YMCA〉나 〈후렛더독스아웃Who Let The Dogs Out〉과 같은 유명하면서도 간결한 곡들을 머릿속으로 끊임없이 떠올려본 경험이 있다. 영국 레딩대학 인지과학과 필립 비먼 교수는 "귀벌레는 개인마다 차이가 있지만 대체로 미디어를 통해 반복적으로 노출된 익숙한 곡일 확률이 높다"고 말했다. 또 "크리스마스 음악들이 8월보다 12월에 더 쉽게 귀벌레가 되는 현상도 바로 이러한 이유에 있다"며 "디즈니 애니메이션 겨울왕국 삽입곡 〈렛잇고Let It Go〉를 흥얼거리는 사람들이 많은 것도 동일한 이유로 설명이 가능하다"고 말했다.[6]

미국에서 최고의 '귀벌레'로 평가받는 노래는 일반 가요가 아니라 CM송이다. "나도 한 조각만 줘. 한 조각만 달란 말이야. 킷캣Kit Kat 한 조각만 줘!" 1986년에 처음 선보인 초콜릿 브랜드 킷캣송이다. "전문가들은 이 노래를 한번 들으면 귀를 맴돌면서 머릿속에서 떠나지 않는 최고의 '이어웜earworm'이라고 한다. 빌리지 피플이 부른 그 유명한 〈YMCA〉도 킷캣송에 비하면 아무것도 아니다."[7]

왜 춤을 추거나 노래를 할 때
"그루브를 타라"고 하는가?

●
groove

"불후의 명곡 에일리가 특유의 그루브가 돋보이는 무대를 선사했다. 가수 에일리는 18일 오후 6시 5분 방송된 KBS2 '불후의 명곡 – 전설을 노래하다'에서 팝 가수 마이클 볼튼 특집을 맞아 'Georgia on my mind'를 열창했다.……마이클 볼튼 역시 목으로 그루브를 타며 에일리의 환상적인 무대에 동화되는 모습을 보였다."[8]

이와 같이, 가요 관련 기사엔 '그루브'라는 말이 자주 등장한다. 춤을 추거나 노래를 할 때에 "그루브를 타라"는 말을 많이 하는데, 이는 그 춤과 노래에 어울리는 기분이나 무드에 충실하라는 뜻으로 이해하면 무방하다. 그렇지만 groove라는 단어의 기원을 좀더 파고 들어가야 그 뜻을 온전히 이해할 수 있겠다.

groove는 지금은 보기 힘들어진 레코드판에 새겨진 홈을 말하는데, 축음기 바늘stylus과 잘 맞아야 좋은 소리가 난다. 1930년대에 재즈밴드가 상호 조화가 잘 되어 신나는 연주를 하는 상태를 묘사하기 위해 처음 사용한 말이다. 이후 다른 영역에서 폭넓게 사용함으로써 in the groove는 "쾌조快調로, 제대로 된, 유행에 맞는" 이란 뜻을 갖게 되었다. 패션업체는 "이번 겨울에 유행을 타려면If you want to be in the groove this winter" 이라는 식으로 광고를 한다. The stock market has been in the groove after a deep recession(심한 불경기 이후 주식시장은 잘 돌아가고 있어요).[9]

유행을 탄다는 건 대세를 따른다는 것인데, 그게 늘 좋은 것만은 아니다. 형용사인 groovy엔 "(재즈) 가락이 맞는, 멋있는, 도취되는" 이란 뜻도 있지만, 동시에 "판에 박은, 구식의, 오래된" 이란 뜻도 있다. fall(get) into a groove도 "판에 박히다, 버릇이 된다"는 뜻이다. He is hidebound, 'groovy'; he cannot break away from tradition(그는 완고하게 판에 박힌 사람이라서 전통에서 벗어나질 못한다).[10]

왜 잠시 뜨는 걸
'15분간의 명성'이라고 하는가?

○
fifteen minutes of fame

In the future, everyone will be world-famous for fifteen minutes(미래엔 모든 사람이 15분간은 세계적으로 유명해질 수 있을 것이다). 미국의 팝 아티스트 앤디 워홀Andy Warhol, 1928~1987이 1968년 스웨덴 스톡홀름에서 열린 자신의 전시회 카탈로그에 쓴 말이다. 여기서 "famous for fifteen minutes"라는 말이 유명해져, 다음과 같은 용법으로 쓰이게 되었다. They've had their fifteen minutes(잠시 떴을 뿐이야. 이제 곧 잊힐 걸).[11]

워홀은 이 '15분' 발언 때문에 오랫동안 똑같은 질문 공세에 시달려야만 했다. 견디다 못한 워홀은 1970년대 후반에 "그 말이 지겨워 죽겠습니다. 앞으로 절대 꺼내지 않을 겁니다"라고 불평했다.[12] 명성을 얻기 위해 몸부림친 걸로도 유명한 워홀은 미국과 유럽의 관계에서 대단히 중요한 의미를 갖는 상징적인 인물이다. 오랫동안 유럽은 미국을 경멸해왔다. 친미주의자인 프랑스의 지식인 기 소르망 Guy Sorman은 유럽의 반미주의자들에 의해 비판되어온 미국의 특징은 그 자체가 미국적인 것이라기보다는 모더니즘의 징후라며 다음과 같이 말한다.

"소비시대의 가장 상스러운 물질들, 수프 깡통, 케첩, 스타의 사진 등을 여러 개로 복사해 재창출하고선 예술이라고 주장한다. 예술은 예술인데 대중적인–팝 아트–예술이었고 의도적으로 의미 없도록 만든 것이었다. 유럽의 미학 전통 자체를 부인하는 것이었다. 코멘트라고 달아놓은 글은 '미래에는 모두가 15분 동안 텔레비전의 유명 인사가 될 수 있을 것이다' 등이다. 워홀은 예술의 모든 의미를 부정하고 엘리트라는 개념 자체를 조소한다. 침례교 목사들이 우리 모두가 신이라고 선언한 후, 이제는 워홀이 '우리는 모두가 예술가'라고 주장한다. 팝 아트는 새로운 미국 종교의 미학적 구성 요소가 된다."[13]

'오프라화 현상'이란
무엇인가?

Oprahfication

Oprahfication(오프라화, 오프라식, 오프 라화 현상)은 미국 '토크쇼의 여왕' 오프라 윈프리Oprah Winfrey가 출연 자의 고백을 이끌어내기 위해 친근한 어조로 끈질기게 질문을 해대 는 것을 빗댄 신조어다. 주로 여자들을 두고 남자들이 빗대어 하는 말로, 예컨대 이런 식이다. "나는 절대로 말을 하지 않으려 했는데 말이야, 몇 잔 들이키고 나니까 결국 그녀가 오프라식으로 내 입을 열게 했다구."14

1997년 『월스트리트저널』은 정치 연설이 '오프라화 현상 Oprahfication'이나 '자기치유용 대중 고백'에 밀려 설 자리를 잃고 있 다고 말했다.15 『내셔널리뷰』는 "'오프라화'라는 것은 단지 일개 당 파의 신념이나 특정한 양식을 갖춘 목소리와 같이 의미 없이 떠들어 대는 말이 아니라 치료의 일환으로서 '대중들 앞에서 하는 고백'을 의미하는 것이다"며 이렇게 말했다. "그러나 이러한 정의조차도 그 의미를 모두 전달하는 것은 아니다. 더 나아가 '오프라화'는 나라 전체 그리고 전 세계를 전면적으로 변화, 개조시키는 것을 의미하는 말로 일상적인 용어가 된 것이다."[16]

워싱턴 특파원들이 빌 클린턴 행정부가 오하이오 회동에서 이라크 공습에 대한 지지를 얻고자 했던 것을 빗대어 '오프라 방식'의 회합이라고 비난을 가하자, 『내셔널리뷰』는 이렇게 반박했다. "국무장관 매들린 올브라이트가 아닌 오프라 윈프리가 이라크 폭격을 지지하고 나섰더라면, 지금쯤은 아마도 사담 후세인이 광우병에 걸린 소의 옆구리 살과 같이 무용지물의 존재가 되어 있을 것이다."[17]

영적인 것을 판매하는 브랜드를 '소울 브랜딩soul branding'이라고 하는데, 이는 오프라 브랜드의 별명이기도 하다. 콜로라도대학 저널리즘 교수 제니스 펙Janice Peck은 "오프라는 다른 어떤 기업들보다 브랜드의 영성화를 잘 이용할 수 있었다. 그녀 자신이 이미 '거의 종교적인 존재'였기 때문이다"고 말한다.[18]

윈프리는 "나는 토크쇼를 내 목회 활동이라 생각한다. 나는 사람들을 두려움과 제약에서 구해주고 싶다. 나는 사람들에게 그 방법을 가르치고 싶다"고 말한다.[19]

그녀는 미국의 '피부색 정치'에 대한 산증인이기도 하다. 헬렌 가르손Helen S. Garson은 『오프라 윈프리 최고의 삶을 말하다』(2004)에서 "피부색에 대한 이슈가 그녀를 심각하게 괴롭혔다. 같은 흑인이라도 피부색이 밝을수록 온갖 종류의 편애를 받는다는 사실을 깨달았기 때문이다. 이는 인종과 관련된 미국의 문화사를 통해 이미 밝혀진 사실이었다. 노예제도가 있던 때, 그나마 피부색이 밝은 편인 남녀 노예들은 집안 하인으로 일하며 좀더 편안한 삶을 살았다. 반면에 피부색이 더 진한 노예들은 농장 노동자로 일해야 했다"며 다음과 같이 말한다.

"오프라가 대학을 졸업한 지 한참이 지난 후에도 사회에서는 그녀와 같은 피부색의 흑인을 '퍼지 브라우니fudge brownies'로, 눈에 색이 있고 백인의 외모인 흑인을 '생강빵gingerbreads'으로, 사람들 대부분이 갈망하는 피부색의 흑인들을 '바닐라 크림vanilla creams' 혹은 '백인으로 통과pass할 수 있는 흑인'이라고 불렀다."[20]

미국 최초의 흑인 대통령인 버락 오바마Barack Obama도 혼혈 덕분에 피부색의 도움을 받았다는 시각도 있다. 나중에 밝혀졌지만, 대선 당시 민주당 상원 대표인 해리 리드Harry Reid 상원의원은 어느 기자에게 "오바마 후보는 피부색이 옅고, 니그로 방언을 쓰지 않기 때문에 미국인들이 받아들일 수 있다"는 취지의 말을 했다.[21] 이 말은 오바마의 출마를 옹호하는 맥락에서 나온 말이었지만, 미국의 피부색 차별이 여전히 심각하다는 걸 말해주는 것이었다.

'불신의 정지'란
무엇인가?

suspension of disbelief

"불신의 유예A brief suspension of disbelief란 몰입의 순간을 말합니다. 예를 들어 놀이동산의 사파리는 사람들이 만든 가짜 아프리카지만 그곳에서 사람들은 실제 아프리카에 왔다고 상상하며 그 시간과 공간을 즐기죠. 비록 가짜지만 그것이 가짜라는 것이 드러날 때까지, 아니면 그것이 진짜인 것처럼 상상하면서 그 순간을 만끽하는 것입니다."[22]

미국의 신예 현대미술 작가 헤르난 바스Hernan Bas의 말이다. 그는 바로 그런 순간을 묘사하는 작가로 유명하다. 이렇듯 미술에서도 쓰이는 suspension of disbelief(불신의 정지, 불신의 유예)라는 개념은 원래 영국 시인 새뮤얼 테일러 콜리지Samuel Taylor Coleridge, 1772-1834가 1817년에 출간한 『문학적 전기Biographia Literaria』에서 만든 말이다. 그는 자신의 시를 읽는 독자들이 일순간이나마 자발적인

'불신의 정지'로 협조해주길 바란다고 말했다.

그러나 사실 굳이 협조를 할 필요도 없는 일이었다. 사람들이 드라마나 영화를 볼 때에 그것이 픽션이라는 걸 알면서도 그 내용에서 희로애락喜怒哀樂을 느끼는 건 저절로 '불신의 정지'가 시도 때도 없이 작동하기 때문이다. 즉, 누군가가 밥을 벌어먹기 위해 만든 가짜 이야기라는 걸 알기에 극중 내용을 불신하면서도 이야기 속에 빠져들면서 자기도 모르는 사이에 그런 불신을 정지하고 진짜 이야기인 것처럼 받아들이기도 한다는 것이다.[23]

조너선 갓설Jonathan Gottschall은 『스토리텔링 애니멀: 인간은 왜 그토록 이야기에 빠져드는가』(2012)에서 '불신의 정지'는 '의지'와 무관하다고 말한다. "이야기꾼이 '옛날 옛적에……' 같은 마법의 주문을 외우면 우리는 자기도 모르게 귀를 쫑긋 세운다. 노련한 이야기꾼은 말 그대로 우리 안에 침입해서 지휘부를 장악한다. 우리가 저항할 수 있는 방법은 고작 책을 확 덮는 것뿐이다."[24]

왜 천둥을 훔치는 게
'아이디어 도용'이 되었는가?

steal one's thunder

steal one's thunder는 "누구의 아이디어를 도용하다, 누군가의 관심을 가로채다"는 뜻이다. 내가 하고 싶었던 이야기를 누군가가 먼저 해버려 멋쩍게 되었을 때에도 이런 식으로 투덜댈 수 있겠다. "I guess he stole my thunder by mentioning it first(그가 먼저 이야기하는 바람에 김이 새버렸네)." 그런데 왜 천둥을 훔치는 게 그런 의미까지 갖게 되었을까? 그 기원은 18세기의 영국으로 거슬러 올라간다.

1709년 영국의 극작가 존 데니스John Dennis, 1657~1734는 〈애피우스와 버지니아Appius and Virginia〉라는 작품을 런던에서 두루어리 레인 극장Drury Lane Theatre 무대에 올렸지만, 아무런 호응을 얻지 못한 채 실패하고 말았다. 그의 작품은 곧 〈맥베스Macbeth〉로 교체되고 말았다. 다만 나무 물통wooden trough을 이용해 천둥소리 효과음을 만든 것은 탁월했다는 인정을 받았다.

얼마 후 데니스가 자신이 공연했던 극장에서 〈맥베스〉 연극을 관람하게 되었는데, 이게 웬일인가. 자신이 고안해낸 천둥소리 효과음이 그대로 사용되고 있는 게 아닌가. 데니스는 다음 날 연극평에 이렇게 썼다. "See what rascals they are. They will not run my play and yet they steal my thunder(세상에 이런 악당들이 있나. 그들은 내 연극은 상영하지 않으면서도 내 천둥은 훔쳐가다니)." 이 '천둥 도둑질' 사건이 널리 알려지면서 이 표현이 쓰이게 되었다.[25]

반면 steal the show는 "(어떤 상황에서 사람들의) 관심이나 인기를 독차지하다"는 뜻이다. As always, the children stole the show(늘 그렇듯 아이들이 관심을 독차지했다). The supporting actor stole the show of the main actor(조연이 주연의 인기를 가로챘다). Mary was in only one scene of the play, but she stole the show from the stars(메리는 그 연극의 한 장면에만 등장했음에도 주연 배우들을 제치고 인기를 독차지했다).[26]

'패션'과 '패드'는
어떻게 다른가?

●
fad

fad(패드)는 'For a day'의 약자로 짧은 시간 급격히 인기를 끌다가 정점에 이른 후 금방 사라지는 것을 총칭한다. 미국 델라웨어대학의 사회학자 조엘 베스트Joel Best가 『댓츠 어 패드That's a fad!』(2006)를 통해 정식화했다.

패드는 패션fashion(유행), 트렌드trend, 혁신innovation과 구분된다. 패션은 일시적인 부상, 대유행, 퇴출 단계를 거친다는 점에서 패드와 유사하지만 일회적인 패드와 달리 연속성을 가진다. 흥행영화, 베스트셀러, 미니스커트 등 다음 상품으로 대체되는 반복성을 가지는 것이 패션이다. 트렌드는 중장기적으로 이루어지는 동향을 의미한다. 폭발적인 열풍이라는 점에서 패드는 '혁신'과 비슷하지만, 혁신은 인기가 치솟은 뒤 그 효용성 때문에 우리 삶에 정착되는 반면 패드는 절정의 순간 효용성을 의심 받으며 급격히 하락한다.

베스트는 '제도적 패드institutional fad'를 강조하면서, 그 사례로 1980년대 기업의 품질관리 서클, 1992년 전사적 품질경영, 1993년 리엔지니어링, 1990년대 후반 식스 시그마Six Sigma는 혁신을 위장한 패드였다고 주장했다. 아닌 게 아니라, "식스 시그마는 형편없다"는 문구를 구글에서 검색해보면(2013년 기준) 144만 개의 자료가 뜬다.

베스트는 경영계의 이런 변화가 부상emerging – 대유행surging – 퇴출purging이라는 3단계 사이클을 전형적으로 따르고 있다고 했다. 그는 제도적 패드는 소위 사회 엘리트계층에서 유발되기 때문에 장점만 부각되고 단점은 감춰지지만, 단순한 패드 상품과 달리 경제적, 개인적 고통, 조직의 손실 등 사회 비용이 아주 크기 때문에 개인과 사회 모두 철저히 주의해야 한다고 경고했다.

베스트는 사람들이 패드에 열광하는 이유를 변화를 추구하지 않으면 시대에 뒤떨어지고 무언가 잘못된다고 믿는 사회와 이를 강요받는 대중, 최신 유행에 적절히 편승해 출세하려는 '출세주의' 심리 때문이라고 보았다. 그는 '개인과 조직이 패드에 현혹되지 않는 5가지 방법'으로 "첫째, 과거의 잘못을 잊지 마라. 둘째, 경이로운 주장들은 일단 의심하라. 셋째, 지속적으로 증거를 요구하라. 넷째, 뒤처진다는 두려움에 집착하지 마라. 다섯째, 실패를 공표하는 사람은 극히 드물다는 점을 명심하라" 등을 들었다.[27]

'시그너처 스타일'이란 무엇인가?

signature

signature는 '서명'이란 뜻이지만, 비유적으로 대표성이나 중요성을 의미하는 '간판'이나 '상징'이라는 뜻으로 쓰인다. 예컨대, signature issue는 선거 등에서 가장 중요한 '간판 현안'을 뜻한다. 이런 식으로 쓰이는 말이다. "여론조사 전문가는 후보자가 중요하게 생각하는 현안 중에서 가치관과 원칙을 분명히 드러낼 '간판 현안signature issues'을 선택하도록 조언하고, 그 원칙과 가치관, 쟁점을 전달하는 세련된 방식을 찾도록 도와야 한다."[28]

signature issues를 '상징 현안'으로 번역하면, 이렇게 쓸 수도 있다. "상징 현안은 후보의 가치관과 원칙을 상징적으로 보여주면서 실제로 어떤 일을 할 생각인지 훨씬 더 구체적으로 설명한다. 지난 30년 동안 성공한 대통령 후보는 누구나, 국민에게 모든 현안의 구체적 대책을 모두 제시하기보다 소수의 상징 현안을 선택했다."[29]

signature style(시그너처 스타일)은 작가나 예술인들의 대표적인 스타일을 말한다. 예컨대, 이런 식으로 쓸 수 있다. Yet, Wong's signature style of poetic and dreamy cinematography prevails in the film(그래도 시적이고 꿈같은 왕 감독 특유의 영상미는 여전하다). The main collection was presented in a theatrical fashion, something that is very uniquely Andre Kim's signature style(본 패션쇼는 앙드레 김의 전매특허인 극장식으로 열렸다).[30]

마케팅 분야에서 시그너처 스타일은 브랜드의 정체성을 상징하는 대표 스타일을 말한다. 전체 디자인의 70퍼센트를 차지하는 기본 골격은 그대로 두고 색깔과 재질 등 나머지 30퍼센트만 바꾼다. 트렌드에 따라 매년 다른 디자인을 선보인다면 브랜드의 정체성을 상징할 수 없기 때문이다. 시그너처 스타일은 지금껏 고가 명품에만 존재한다고 여겨졌지만, 오늘날엔 종종 명품이 아닌 대중적인 브랜드에서도 브랜드 정체성을 확립하기 위해 시그너처 스타일을 만든다. 스포츠 브랜드인 나이키의 에어포스1, 아디다스의 슈퍼스타, 리복의 퓨리 운동화 등이 대표적이다.[31]

'컬처 재밍'이란 무엇인가?

culture jamming

jam은 우리의 일상생활에선 주로 빵에 발라먹는 잼의 뜻으로 가장 많이 쓰이지만, 그 외에 "쑤셔 넣다, 몰려들다, 혼잡, 곤경"이라는 뜻도 있다. get into a jam은 "곤경에 빠지다"는 뜻이다. We got into a jam, and we couldn't do anything about that(우리는 궁지에 빠져 할 수 있는 일이 없었다). We can give it a try, but we'll need support if we get jammed(우리가 시도는 해보겠지만, 위기에 처하는 경우엔 지원이 필요해질 텐데요).[32]

traffic jam은 "교통 혼잡, 교통마비", radio jamming은 '전파 교란'인데, 이 원리를 문화에 적용한 단어가 바로 culture jamming이다. 우리말로 '문화 훼방' 또는 '문화 교란'이라고 한다. culture jamming은 1984년에 만들어진 말이지만, 이 말을 널리 유행시킨 이는 에스토니아 출신 캐나다 작가이자 운동가인 칼레 라슨

Kalle Lasn, 1942~이다.

라슨은 슈퍼마켓 주차장에서 쇼핑 카트를 꺼내기 위해 동전을 넣어야 하는 것에 화가 나 찌그러진 동전을 쑤셔 넣어jamming 작동하지 못하게 했다. 이게 그가 벌인 최초의 culture jamming이다. 그는 2000년에 출간한 『컬처 잼Culture Jam』(2000)에서 소비주의consumerism를 현대 사회의 근본적 악으로 규정했으며, 2005년에 출간한 『Design Anarchy』(2005)에선 그래픽 디자이너들에게 자본을 위해 일하지 말고 사회적 · 환경적 책임을 이행하는 데에 기여하는 새로운 미학적 관점을 갖자고 요청했다. 그는 2011년 9월 '월가점령Occupy Wall Street' 운동의 최초 주창자들 중 한 명이다.[33]

라슨은 캐나다 공영 방송CBC에서 일하다 임산업을 비판하는 30초짜리 광고를 방영하려 했다는 이유로 해고당하자 1989년부터 애드버스트 미디어 협회란 단체를 만들어 활동하면서 반反소비주의 잡지 『애드버스터즈Adbusters』를 창간했다. 이 단체는 '아무것도 사지 않는 날Buy Nothing Day'이나 '텔레비전 안 보는 주간TV Turn-Off Week' 등과 같은 캠페인을 벌이기도 한다.[34]

잘못된 광고가 얼마나 인간과 자연환경을 파괴하는지에 대해 관심을 갖고 그러한 광고를 찾아 방영 반대운동을 하는 사람들을 가리켜 adbusters라고 한다. 이들은 사회의 진보적 변화를 위해 기업 광고와 기존 미디어 문화의 전복을 시도하는데, 이들의 주요 활동을 advertising을 전복한다고 해서 subvertising(subvert + advertising)이라고도 한다. subvertising이 culture jamming의 주요 수단인 셈이다.[35]

adbusters는 'ad-busting(광고 부수기)'과 'ad-bashing(광고

때리기)' 등을 통해 광고 메시지에 숨겨진 다양한 모순점을 폭로하고 광고주가 전하는 메시지를 뒤집어 놓는다. 예컨대, 옥외 광고판의 마른 모델 사진 위에 '스컬링skulling' 즉, 해골을 그리거나 '먹을 것 좀 주세요'라는 문구를 쓴다거나, 나이키의 옥외 광고 슬로건 '저스트 두 잇Just Do It'을 '저스트 스크루 잇Just Screw It(쥐어 짜라)'으로 바꾼다거나, 앱솔루트Absolut 보드카 광고 슬로건을 '앱솔루트 난센스Absolute Nonsense'로 바꿔놓는 식이다.[36]

자동차를 애인처럼 사랑하는
취미를 뭐라고 하나?

　　"사람들은 영혼이 살아 있는 차라고 말합니다. 실제로 그렇습니다They say the soul lives on. And it does."

　　"가족용 차가 아닙니다. 가족입니다It's not a family car. It's family."

　　"우리는 차를 파는 게 아닙니다. 단지 사랑의 관계를 촉진할 뿐입니다We don't sell cars. We merely facilitate love connections." 37

　　이 세 진술은 각각 미국 크라이슬러Chrysler, 일본 마즈다Mazda, 일본 렉서스Lexus 자동차의 광고 슬로건이다. 이 슬로건의 정신에 따라 자신의 자동차를 살아 있는 애인처럼 아끼는 사람이 많다. 그래서 틈만 나면 자동차를 씻고 닦는다. 이런 행위를 가리켜 auto detailing이라고 한다. detail엔 "세부 장식을 하다"는 뜻이 있는데, lingerie detailed with lace and embroidery는 "레이스와 자수로 세부 장식을 한 여성용 속옷"이란 뜻이다.

It's not a family car.

It's family

auto detailing은 자동차를 구석구석 세밀하게 닦는다고 해서 붙여진 이름으로, '세차의 취미화' 현상을 가리키는 말이다. 영국에선 car valeting이라고 한다. 미국엔 디테일링 업소가 5만여 개에 이르는데, 크게 차체 디테일링exterior detailing, 내부 디테일링interior detailing, 엔진 디테일링engine detailing 등 세 가지가 있다.[38]

한국의 대표적인 디테일링 동호회는 네이버 카페 '퍼펙트샤인Perfect Shine'으로, 2013년 7월 3일 현재 가입 회원 수가 6만 명을 넘었다. 이들의 디테일링 작업을 다룬 『조선일보』(2013년 7월 4일) 기사에 소개된 몇 가지 디테일링 용어들을 보자면 다음과 같다.

차바퀴에 '휠클리너wheel cleaner'라고 부르는 철분 제거제를 뿌리고, '휠브러시wheel brush'라고 부르는 붓을 이용해 바퀴 안팎 구석구석에 달라붙은 철가루를 꼼꼼히 제거한다. 세차의 필수품은 버킷bucket과 그릿가드grit guard다. 버킷은 원통형 물통이고, 그릿가드는 동그란 고기 불판처럼 생겼는데, 버킷 안쪽에 끼워 넣는다. 그릿가드는 물의 회전을 막아 오염 물질이 떠다니지 않게 해준다. 버킷에 세차 전용 '카샴푸car shampoo'를 넣고 물을 부어 흔들어 거품을 낸다.

여기에 '워시밋wash mitt'이라고 부르는 세차용 장갑을 적셔 차 전체를 닦는다. 밋 대신 펌프나 전기를 이용해 거품을 만들고 뿜어주는 도구인 '폼건foam gun'을 사용할 수도 있다. 세차 후 말릴 때에는 '드라잉타월drying towel'이라 부르는 큼직한 전용 타월을 사용한다. 차를 더 깔끔하고 안전하게 관리하고 싶다면 왁싱waxing을 하기도 한다. 왁스 스펀지를 이용해 왁스를 입히며, 여분의 왁스를 '버핑타월buffing towel'이라고 하는 전용 타월로 닦아내가며 광을 낸다. 날씨나 상태에 따라 다르지만, 대개 3주마다 왁싱을 해준다.[39]

『중앙일보』(2013년 8월 6일)는 「차 닦는 게 취미…셀프세차족 10만 시대」라는 기사에서 "젊은 층 사이에 디테일링Detailing 방식의 셀프세차 열풍이 불고 있다"며 이렇게 말했다. "디테일링 세차에 푹 빠지는 것을 여성이 성형수술을 하거나 명품 가방을 사는 것에 비유하기도 한다. 세차족들은 '차의 반짝거림과 깨끗함을 통해 나만의 개성을 드러내고 싶고 주변에서 '깨끗하다'고 말해주면 만족감을 느낀다'고 한다."[40]

왜 부유층을
제트족이라고 할까?

jet set

jet set(제트족)은 1950년대 말 제트 비행기가 출현했을 때, 이걸 타고서 세계 각국을 유람 다니던 부유층을 가리키는 말이다. 『뉴욕저널 아메리칸New York Journal-American』의 기자인 이고르 카시니Igor Cassini, 1915~2002가 처음 만든 말이다. 웬만하면 누구나 다 제트 비행기를 탈 수 있는 오늘날엔 어울리지 않는 말일 수도 있지만, 여전히 부유층을 가리켜 jet set이라고 한다. 두 단어 모두 'et'로 끝나는 각운脚韻, rhyme 효과 덕을 본 것 같다. jet-setter는 제트족의 한 사람을 가리킨다.

My aunt Ida, on her farm in Iowa, loves to read about the jet set(아이오와주의 농장에 사는 이다 아주머니는 상류층에 관한 책을 읽기를 좋아한다). The National Lottery game encourages the public to dream about "jet set" lifestyles(국가에서 행하는 로또는

대중에게 헛된 '제트족'의 생활을 꿈꾸게 하도록 부추긴다). Surely, then, it is a matter of time before the "track pack" replace the jet set as the ultimate sybarites(진정한 사치가 제트셋[비행기여행]에서 '트랙팩[배낭여행]'으로 바뀌는 건 시간문제야).[41]

　　여기서 set은 "한 패거리, 동아리, 사람들, 사회"란 뜻이다. a fine set of men은 '훌륭한 사람들', a literary set은 '문인 사회', the best set은 '상류 사회', smart set은 '유행의 첨단을 걷는 이들, 최상류계급'이란 뜻이다.

　　jet set은 널리 알려져 있는 말 같지만, 전문 번역가마저 어이없는 실수를 저지르는 걸 보면 꼭 그렇지만도 않은 것 같다. 안정효의 『오역사전』에 따르면, 〈타인의 도시〉란 영화의 한국어 자막에서 이런 실수가 저질러졌다. 'Why aren't you with your jet set(제트여객기가 하나 사시지)?' jet set을 '세트로 된 제트기'쯤으로 생각한 실수인 것 같다. 안정효가 영화 속의 맥락에 맞게 제시한 올바른 번역은 이렇다. "당신은 왜 돈 많은 낭군하고 같이 오지 않으셨나요?"[42]

제
4
장

인간의
정신과
감정

왜 '감정'이
유행일까?

emotion

emotion(감정)은 1579년경 "to stir up
(강한 감정 따위를 불러일으키다, 각성시키다)"을 뜻하는 프랑스어
émouvoir에서 나온 말이다. 한 단계 더 들어가 라틴어 어원을 살펴
보면 '움직인다'는 의미와 관련이 있다. 감정과 동기motive는 둘 다
'움직이다'를 뜻하는 라틴어 movere에서 파생된 단어다.[1] 이와 관
련, 정희진은 다음과 같이 말한다.

"감정e/motion의 라틴어 어원은 자기로부터 떠나는 것, 나가는
것moving out of oneself 즉, 여행이다. 근대의 발명품인 이성理性이 정적
이고 따라서 위계적인 것이라면, 감정은 움직이는 것이고 세상과 대
화하는 것이다. 감정의 부재, '쿨'함은 지배 규범과의 일치 속에서만
가능하다. 반응하는 것, 이것이 인간의 모든 느낌, 모든 즐거움, 모든
열정, 모든 생각의 근원이라고 생각한다."[2]

emotion의 동의어라고 할 수 있는 affect는 '정서'로 심리학에서 감정을 사고와 대비시켜 설명하기 위해 사용하는 전문용어지만, 일반적인 용법에서는 감정emotion이나 느낌feeling으로 대체해도 무방하다. affect는 접촉해서 흔적을 남긴다는 의미를 가진 라틴어 affectus에서 나온 말로, 정신의학 분야에선 다른 사람에 의해 객관적으로 관찰 가능한 감정 상태라는 뜻에서 움직임을 의미하는 한자 動動을 사용해서 '정동情動'으로 번역해 쓴다.[3]

미국 월스트리트에서 흔히 회자되는 속담 가운데 "시장은 두려움과 욕심이라는 두 가지 감정에 의해 움직인다"는 말이 있다.[4] 이 속담이 시사하듯, 영어에서 감정을 나타내는 단어 558개를 분석한 결과, 부정적인 단어가 62퍼센트인 데 반해 긍정적인 단어는 38퍼센트에 불과했으며, 영어에서 감정을 나타낼 때 가장 흔하게 사용되는 단어 24개 중 긍정적인 단어는 6개뿐이었다. 이는 전반적으로 우리 인간이 부정적인 것에 집착하는 경향이 있다는 것을 말해준다. 이와 관련, 심리학자들이 내린 결론은 "나쁜 것은 좋은 것보다 강력하다Bad is stronger than good"는 것이다. 레슬리 피들러Leslie Fiedler가 말했듯이, 결혼 문제를 다뤄 유명해진 소설가는 많지만 행복한 결혼생활을 성공적으로 다룬 소설은 지금껏 없었다.[5]

하버드 의대 교수 조지 베일런트George E. Vaillant는 "아주 최근까지도 감정은 학계에서 환영받지 못하는 손님이었다. 열정은 이성을 뒤흔들고, 감정은 계몽주의 과학을 위협하는 것처럼 보이기 때문이다"고 말한다.[6] 물론 최근까지 그랬다는 것일 뿐, 이제 세상은 달라졌다.

신경학자 안토니오 다마시오Antonio Damasio는 감정이 합리적

사고에서 필수불가결한 역할을 한다고 주장한다. 감정과 논리는 불가분의 관계이기 때문에 감정을 느낄 수 없을 정도로 뇌가 손상되어 감정 조절 능력이 훼손되면 합리적으로 사고하는 것도 불가능해진다는 것이다.[7]

감정이 없으면 결정을 내릴 수 없다는 사실은 고대 철학에 뿌리를 두고 있는 인간의 본성에 관한 기존의 생각과 충돌을 일으키는데, 오늘날의 신경과학은 사상계의 이단아로 이목을 끌었던 18세기 스코틀랜드 철학자 데이비드 흄David Hume, 1711~1776이 이성을 '감정의 노예'라고 선언한 것이 옳았다고 본다.[8]

미국 심리학자 윌리엄 제임스William James, 1842~1910도 1890년에 출간한 『심리학의 원리The Principle of Psychology』에서 인간을 순전히 이성적 동물로 이상화했던 과거의 견해는 잘못된 것이라고 단언하는 동시에 감정의 충동이 반드시 나쁜 영향을 미치는 것은 아니라는 사실을 발견했다. 뇌에서 차지하는 '습관, 본능, 감정의 우위'가 뇌를 효율적으로 만드는 데 중요한 역할을 한다는 것이다.[9]

뉴욕대학 교수 조지프 르두Joseph LeDoux는 『감정적 두뇌The Emotional Brain』에서 이렇게 말한다. "감정에 대한 의식적 통제는 약한 반면 거꾸로 감정은 쉽게 의식을 장악한다. 진화의 역사를 살펴보면 현 시점에서는 두뇌의 연결 구조가 그렇게 돼 있기 때문이다. 감정적 시스템에서 인지적 시스템으로 향하는 연결이 그 반대인 인지적 시스템에서 감정적 시스템으로 향하는 연결보다 강하다는 것이다."[10]

대중의 감정은 연예인은 물론 기업의 흥망에도 큰 영향을 미친다. 이에 대해 허윤희는 이렇게 말한다. "애플 제품이 여러 단점에도 수많은 신봉자를 거느리는 브랜드가 된 것은 '최고감정책임자

Chief Emotion Officer' 스티브 잡스가 있었기 때문이다. 애플의 신봉자들은 췌장암으로 사망한 스티브 잡스에게 일종의 죄의식을 느낀다고 한다. 잡스가 좀더 위대한 발명품을 만들려고 노력하다 수명이 단축됐고 그 책임이 자신들에게 있다고 믿는다는 것. 경영자는 대중의 '감정'을 컨트롤하는 법을 배워야 한다는 얘기다."[11]

미국의 경영 컨설턴트 스튜어트 다이아몬드Stuart Diamond는 효과적인 협상을 위한 전략 중의 하나로 상대방의 감정에 신경을 쓰는 '감정적 지불emotional payment'이 필요하다고 말한다. "세상이 언제나 이성적으로 돌아가는 것은 아니다. 아이러니하지만 중요한 협상일수록 사람들은 비이성적인 태도를 취하기도 한다. 사람이 감정적으로 변하면 상대의 말을 듣지 않게 된다. 상대방의 감정에 공감하면서, 필요하다면 사과를 해서라도 상대방의 감정을 보살펴라. 그런 후 상대가 다시 이성적인 판단을 할 수 있도록 유도해야 한다."[12]

최근의 감정 유행에 대해 마크 고베Marc Gobé는 감정이 에른스트 블로흐Ernst Bloch가 말하는 '희망의 원리hope principle'가 사라진 후의 진공 상태를 채우고 있다고 말한다.

"이 진공 상태는 종교적, 정치적 이데올로기의 약화, 유토피아를 향한 '계급투쟁'의 종식, 신기술에 의한 비인간화의 결과이며, 이는 어떤 의미에서는 미래에 대한 통제력 상실로 받아들여진다. 이 새로운 세계를 바라보는 소극적인 구경꾼인 우리는 종종 적극적으로 행동할 수 없기 때문에 감성적으로 변한다. 외부적으로 불가능한 것처럼 보이는 변화에 대한 열망이 우리 내부의 삶을 향해 방향을 바꾸는 것이다. 사람들은 강한 감각적 감성에 목말라 있으며, 감흥을 좇는 존재가 되었다."[13]

그런 점도 있겠지만, 감정의 중요성을 강조하는 행동경제학 behavioral economics의 대중화가 감정을 유행시킨 결정적 이유가 아닐까? 대니얼 카너먼Daniel Kahneman이 심리학자임에도 "심리학에서의 통찰을 경제학에 적용함으로써 연구 분야에 새로운 지평을 열었다"는 이유로 2002년 노벨경제학상을 받은 것은 행동경제학의 대중화를 예고한 사건이었다.

왜 확신은
'잔인한 사고방식'인가?
●
conviction

conviction은 "확신, 신념, 설득, 양심의 가책, 유죄판결", a summary conviction은 "즉결 재판", be open to conviction은 "도리에 따르다", carry conviction은 "설득력이 있다", under conviction은 "죄를 자각하여, 양심의 가책을 받아", convictive는 "확신을 갖게 하는, 설득력 있는, 잘못을 자각하게 하는"이란 뜻이다.

"30년 이상 연구를 해오면서 나는 인간 심리에 관한 매우 중요한 진실을 발견했다. 바로 '확신은 잔인한 사고방식'이라는 점이다. 확신은 가능성을 외면하도록 우리 정신을 고정시키고, 우리가 사는 실제 세상과 단절시킨다."[14]

미국 하버드대학 심리학자 엘런 랭어Ellen J. Langer, 1947~의 말이다. 확신conviction은 특히 정치에서 잔인한 사고방식인 것 같다. 무엇보다도 확신은 나의 확신을 공유하지 못하는 사람을 적敵으로 돌리기 때문이다. 미국 작가 마크 트웨인Mark Twain, 1835~1910은 "우리는 무지 때문에 궁지에 몰리는 게 아니다. 문제는 잘못된 확신이다"고 했다. 확신의 한계와 위험을 경고하는 명언을 6개만 감상해보자.

(1) I have been driven many times to my knees by the overwhelming conviction that I had nowhere to go. My own wisdom, and that of all about me, seemed insufficient for the day(나는 엄청난 자기 확신에 빠져 어떤 행동도 할 수 없었다. 내 방식대로의 지혜란, 당시에는 불충분해 보였다). 미국 제16대 대통령 에이브러햄 링컨Abraham Lincoln, 1809~1865의 말이다.[15]

(2) Convictions are more dangerous foes of truth than lies(자기 확신이 거짓말보다 위험하다. 즉, 진실에 관한 한, 확신은 거짓말보다 위험한 적敵이다). 독일 철학자 니체Friedrich Wilhelm Nietzsche, 1844~1900의 말이다.[16]

(3) Convictions do not imply reasons(확신은 이성적 판단을 의미하는 게 아니다). 미국 작가 마거릿 드랜드Margaret Deland, 1857~1945의 말이다.

(4) Every man, wherever he goes, is encompassed by a cloud of comforting convictions which move with him like flies on a summer day(누구나 여름날의 파리처럼 자기만의 편리한 확신에 빠진다). 영국 철학자 버트런드 러셀Bertrand Russell, 1872~1970의 말이다.[17]

(5) The nobility of a human being is strictly independent of that of his convictions(인간의 숭고함은 자기만의

확신을 벗어날 때 가능하다). 프랑스 생물학자 장 로스탕Jean Rostand, 1894~1977의 말이다.

(6) I don't believe you outsource your convictions and principles to people(당신의 신념이나 원칙을 사람들에게 들이대서는 안 된다). 미국 정치인 젭 부시Jeb Bush, 1953~의 말이다.[18]

화가 났을 땐 어떻게 하는 게 좋은가?

●
angry

anger(화, 분노)는 "근심, 괴로움, 고통" 을 의미하는 고대 스칸디나비아어Old Norse language angr에서 온 말이 다. anger보다 좀더 강력한 분노(격노)의 감정은 rage나 fury라고 한 다.[19] anger를 다룬 서적은 수만 권에 이르는데, 일부 베스트셀러 제 목들을 보면 다음과 같다.

『분노 관리Anger Management』, 『분노 극복Overcoming Anger』, 『분노 를 넘어서Beyond Anger』, 『분노 완전 정복Conquering Anger』, 『분노 버리 기Letting Go of Anger』, 『분노 통제Anger Control』, 『분노 치유Healing Anger』, 『분노 다스리기Working with Anger and Taking Charge of Anger』, 『분노에서 용 서로From Anger to Forgiveness』, 『분노는 선택의 문제Anger Is a Choice』, 『당 신의 분노를 존중하라Honour Your Anger』.[20]

사람들은 남을 비난할 때 종종 '독선적인 분노self-righteous

anger'를 표출하는데, 이에 대해 브레네 브라운Brené Brown은 『나는 왜 내 편이 아닌가: 나를 괴롭히는 완벽주의 신화로부터 자유로워지는 법』(2007)에서 다음과 같이 말한다.

"분노는 힘과 권위의 감정이기 때문에, 분노를 표출하면 일시적으로 '통제력'을 찾은 것처럼 느낀다. 통제력을 되찾고 싶은 이유는 수치심이 우리 안에 있던 가치와 능력과 자존감을 빼앗아가기 때문이다."[21]

anger와 angry(성난, 화를 낸)의 어원이 그렇듯이, 화를 내는 것은 자신에게 "근심, 괴로움, 고통"만을 안겨줄 뿐이다. 그래서 현인들이 화의 어리석음과 더불어 화를 참는 법에 관한 명언을 많이 남긴 건지도 모르겠다. 6개만 감상해보기로 하자.

(1) Anybody can become angry, but to be angry with the right person and to the right degree and at the right time and for the right purpose, and in the right way(누구나 화날 수 있다. 그러나 화내는 것도 때와 장소에 맞아야 하고 알맞게 화를 낸다는 것은 매우 어려운 일이다). 그리스 철학자 아리스토텔레스Aristoteles, B.C. 384~B.C.322의 말이다.[22]

(2) An angry man opens his mouth and shuts up his eyes(분노하는 사람은 입만 열 뿐 눈은 감는다). 로마의 정치가 카토Cato, B.C.234~B.C.149의 말이다.

(3) An angry man is again angry with himself when he returns to reason(분노한 사람은 이성을 되찾았을 때 자신에 대해 다시 한 번 분노한다). 기원전 1세기 시리아 출신의 로마 작가인 푸빌리우스 시루스Publilius Syrus의 말이다.

An angry man opens his mouth
and shuts up his eyes

(4) When angry, count to ten before you speak. If very angry, count to one hundred(화나면 말하기 전에 열을 세고 그래도 화가 나면 백까지 세라). 미국의 제3대 대통령 토머스 제퍼슨Thomas Jefferson, 1743~1826의 말이다.

(5) When angry, count to four; when very angry, swear(화나면 넷까지 세라, 그래도 화가 나면 욕을 하라). 미국 작가 마크 트웨인Mark Twain, 1835~1910의 말이다.[23]

(6) I don't know why I did it. I guess I lost my head/I should have said "I love you" but used angry words instead/Chorus: Angry words, that were so unfair/Angry words, I should have said "I care"/It's easy to apologize. It's harder to forget/You made the lovin' easy but I made you so upset/With angry words, that were so unfair/Angry words, I should have said "I care"(난 내가 왜 그랬는지 모르겠어요. 내가 내 정신이 아니었나 봐요 / "난 당신을 사랑해요" 말했어야 했는데 그 대신에 화를 낸 말을 했어요 / 합창: 화를 낸 말, 그건 아주 옳지 않았어요/화를 낸 말, 난 "내가 사랑해요"라고 말했어야 했어요 / 사과하기는 쉬워요. 잊기는 더욱 어려워요 / 당신은 사랑을 편하게 했지만 내가 당신을 당황하게 만들었어요 / 화를 낸 말로, 그건 아주 옳지 않았어요 / 화를 낸 말, 난 "내가 사랑해요"라고 말했어야 했어요). 미국 가수 돈 매크린Don McLean, 1945~의 노래 〈화나서 하는 말Angry Words〉의 가사다.

습관과 의복은
무슨 관계인가?

habit

　　habit(습관)은 원래 의복이나 옷감을 의미했는데, 그 흔적이 아직도 '승마복riding habit'이나 '복장habiliment' 같은 단어에 남아 있다. 이와 관련, 성형외과 의사 출신으로 '마음의 성형수술'이 필요하다는 깨달음에 의해 성공학 전도사로 변신한 맥스웰 몰츠Maxwell Maltz는 『성공의 법칙』(2002)에서 다음과 같이 말한다.

　　"이를 통해 우리는 습관의 숨겨진 뜻을 알 수 있다. 습관은 우리의 인격이 입고 있는 의복과 같다. 그것은 생각지도 않은 일이나 우연이 낳은 결과가 아니다. 자신에게 딱 들어맞기 때문에 그것을 입고 있는 것이다. 그것은 우리의 자아 이미지나 성격 유형과도 일치한다."[24]

　　오늘날에도 특수 사회나 계급의 옷은 여전히 habit이라고 한다. 예컨대, 이탈리아 작가 움베르토 에코의 『장미의 이름The Name of the Rose』(1980)의 영어판엔 이런 문장이 나온다. "As far as I could tell, about thirty years before, he had joined a convent of Minorities in Tuscany, and there he had assumed the habit of Saint Francis, without taking orders."

이 문장은 국내 번역판엔 "내가 알기로, 그는 약 30년 전쯤 토스카나 지방에 있는 성 프란체스코 수도회 교리를 익힌 것 같다"로 번역이 되어 있다. 그러나 이재호는 여기서 habit은 '교리'나 '습관'이 아니라 '수도복'이라며 이렇게 번역하는 게 옳다고 말한다. "내가 알기로는, 30년쯤 전에, 토스카나에 있는 소형제회小兄弟會의 수도원에 들어가 거기서 성직은 갖지 않고 성 프란시스코회의 수도복을 입게 되었다."[25]

늘 입던 유형의 옷을 바꾸는 게 쉽지 않듯이, 습관을 바꾸는 것도 어려운 일이다. 그래서 좋은 습관을 갖는 게 매우 중요하다. 캐나다 출신으로 미국에서 활동하는 자기계발 작가 브라이언 트레이시Brian Tracy, 1944~는 『백만 불짜리 습관』(2004)에서 "심리학과 성공학 분야의 가장 중요한 발견은 당신이 생각하고 느끼고 행동하고 성취하는 모든 것의 95퍼센트가 습관의 결과라는 사실이다"고 말한다.

그는 "사람이 습관을 만들고 습관이 사람을 만든다"(존 드라이든John Dryden), "습관은 철사를 꼬아 만든 쇠줄과 같다. 매일 가느다란 철사를 엮다 보면 이내 끊을 수 없는 쇠줄이 된다"(호러스 만Horace Mann)는 두 명언을 소개하면서 '백만 불짜리 습관'을 만들라고 권고한다.[26] 습관의 중요성을 강조하는 명언을 4개만 더 감상해보기로 하자.

(1) Develop the habit of changing your habits(습관을 바

꾸는 습관을 길러라).

(2) Your habits will determine your quality of life(습관이 삶의 질을 결정한다).

(3) Good habits result from resisting temptation(좋은 습관은 유혹을 이겨내는 것에서 생겨난다).

(4) Habit is either the best of servants or the worst of masters(습관은 최상의 하인이 될 수도 있고 최악의 주인이 될 수도 있다). 미국 목사 너새니얼 에먼스Nathaniel Emmons, 1745~ 1840의 말이다.

'dizziness'와 'vertigo'는 어떻게 다른가?

○
vertigo

1969년 세계적으로 대박을 터뜨린 히트곡 가운데 하나로, 미국 가수 토미 로Tommy Roe, 1942~의 〈디지Dizzy〉가 있다. 우리말로 "당신이 나를 어지럽게 만들어요"쯤으로 번역할 수 있겠다. 이 노래의 가사는 다음과 같다.

"Dizzy/I'm so dizzy, my head is spinnin'/Like a whirlpool, it never ends/And it's you, girl, makin' it spin/You're makin' me dizzy/First time that I saw you, girl/I knew that I just had to make you mine/But it's so hard to talk to you/with fellas hangin' round you all the time/I want you for my sweet pet/But you keep playin' hard to get/Goin' around in circles all the time" (어지러워요/나는 매우 어지러워요, 나의 머리가 빙빙 돌아요/소용돌이처럼 돌고 결코 멈추지 않아요/

122

그렇게 돌게 만든 사람이 바로 당신이에요, 그대여 / 당신이 나를 어지럽게 만들어요 / 내가 당신을 처음 보았을 때, 그대여 / 나는 당신을 내 사랑으로 만든 걸로 알았어요 / 그러나, 당신에게 이야기하기가 매우 어려워요 / 그건 남자들이 항상 당신의 주위에 맴돌기 때문이죠 / 나는 당신이 나의 다정한 애인이 되길 원해요 / 그러나 당신은 항상 주위를 맴돌게 하며 계속 접근하기 어렵게 해요).

dizzy한 상태, 즉 어지럼을 dizziness라고 하는데, 이는 빙빙 도는 느낌의 회전성 어지럼인 vertigo와 구분된다. 달리 말해, dizziness는 비회전성 어지럼이라는 점에서 vertigo와는 다르다. vertigo는 우리말로 '현기증眩氣症' 혹은 '현훈眩暈'이라고 한다.[27]

미국의 성공학 전도사 스티븐 코비Stephen R. Covey, 1932~2012는 『성공하는 사람들의 8번째 습관』(2004)에서 "비행기 안에서 지상의 기준 감각(원칙)을 잃고 헤매는 상태를 비행현기증vertigo이라고 부른다"며 다음과 같이 말한다.

"많은 사람들이 이처럼 기준 감각이 없거나 비뚤어진 도덕 감각을 갖고 살아간다. 우리의 삶 속에, 대중문화 속에 그들이 존재한다. 그들은 불면의 원칙에 기초한 가치관을 갖거나 자기 중심을 잡는 것의 대가를 지불하지 않았다. 우리는 '진북true north'을 찾고, 모든 것을 그 방향으로 정렬해야 한다. 그렇지 않으면 부정적 결과를 피할 수 없다."[28]

Facebook vertigo는 페이스북을 통해 오래전에 알고 지냈던 옛 친구들의 이름이나 얼굴을 갑자기 보게 되었을 때의 느낌을 표현하기 위해 만들어진 말이다.[29]

Digital Vertigo(디지털 현기증)는 인터넷 평론가 앤드루 킨

Andrew Keen이 2012년에 출간한 책의 제목이다. "How Today's Online Social Revolution Is Dividing, Diminishing, and Disorienting Us"라는 부제가 말해주듯이, 그는 디지털 문화에 대해 비판적이다. 그는 이 책에서 페이스북과 트위터 같은 SNS에 의해 촉진되는 "hypervisibility(과잉 가시성)"는 프라이버시나 고독 같은 중요한 인간 경험을 희생하게 만든다고 주장했다.[30]

'블랭크 슬레이트'는
어디에서 나온 말인가?

blank slate

　　　　　　　　　　clean the slate는 "과거의 실수나 빚 등을 청산하고 새출발하다"는 뜻이다. wipe off the slate, wipe the slate clean이라고도 한다. 옛날 항해 중 기록해야 할 사항들을 slate(석판)에 임시로 기록하고 나중에 그걸 항해일지에 옮긴 뒤 석판을 깨끗이 지우던 관행에서 비롯된 말이다. slate엔 "후보자 명부, 경기 예정표"라는 뜻도 있다. a clean slate는 "깨끗한(훌륭한) 경력(기록)", on the slate는 "외상으로", slate the game은 "경기 일정을 정하다", be slated for(to be)는 "예정되어 있다"는 뜻이다.[31]

　　　　slate는 석판석을 얇게 깎아 석필로 글씨도 쓰고 그림도 그릴 수 있도록 만든 석판石板이나, 국내에 서판書板으로 널리 소개되어 있으므로 이후 서판으로 부르기로 하자. blank slate(빈 서판)는 '깨끗이 닦아낸 서판scraped tablet'이라는 뜻의 중세 라틴어 '타불라 라사

125

tabula rasa'를 의역한 말로, 영국 철학자 존 로크John Locke, 1632~1704에게서 나온 것으로 알려져 있다.

로크는 이 말을 이용해 인간이 수학적 이상, 영원한 진리, 신의 관념을 가지고 태어난다고 주장하는 본유관념本有觀念 이론을 공격하고, 인간의 마음을 흰 종이에 비유, 이성과 지식에 의해 채워진다고 말한다. 모든 사람이 백지 상태로 출발한다면 어느 누구도 타고난 지혜나 미덕을 가질 수 없다고 봐야 하기 때문에, 빈 서판 개념은 세습 왕권과 귀족 신분의 정당성을 뒤흔들었다.

하버드대학 심리학자 스티븐 핑커Steven Pinker, 1954~는 『빈 서판The Blank Slate』에서 인간의 두뇌가 백지(빈 서판) 상태로 태어나서 경험에 의해 형성된다는 견해는 허튼소리에 불과하다고 일축했다. 보편적인 인간의 본성은 진화 과정에서 습득되어 두뇌의 성장을 조절하는 유전자 하드디스크에 저장되었다는 것이다. 그는 오늘날 우리가 볼 수 있는 인간의 행동은 전적으로 인류 진화 초창기의 유전적 선택 결과를 반영하고 있다는 '진화심리학evolutionary psychology'을 열정적으로 옹호한다.[32]

'에우다이모니아'란 무엇인가?

eudaemonia

eudaemonia(에우다이모니아)는 그리스어로 '행복'이란 뜻인데, 어원적으론 "eu"("good")와 "daimōn"("spirit")의 합성어다. 즉, '좋은 영혼'이란 뜻이다. eudemonia로 표기하기도 한다.[33] 에우다이모니아는 신의 뜻과 조화를 이루는 데서 오는 것으로, 세상과 싸우거나 그것을 비판하는 것이 아니라, 우리가 살고 있는 곳에서 최선을 다하는 것이다.[34]

아리스토텔레스를 비롯한 고대 그리스 철학자들이 생각한 에우다이모니아는 오늘날의 행복 개념과는 거리가 있다. 이와 관련, 서은국은 『행복의 기원: 인간의 행복은 어디서 오는가』(2014)에서 "지금까지 많은 서양 학자들이 아리스토텔레스가 말한 가치 있는 삶이 곧 행복이라는 해석을 해왔다. 그 결과, 행복을 필요 이상으로 거창하게 생각하도록 만들었다. 아리스토텔레스의 행복론이 거창

한 이유가 있다"며 다음과 같이 말한다.

"그는 마케도니아 왕국의 귀족 가문에서 최고만을 누리며 살았던 인물이다. 그의 스승은 플라톤, 제자는 알렉산더 대왕. 인류 역사에 이렇게 화려한 이력서를 가진 사람이 또 있을까. 그래서 그의 행복관도 엘리트주의적이다. 그에 의하면 여자나 노예들은 행복을 누릴 최소한의 자격조차 갖추지 못한 사람들이다. 그들이 누리는 일상의 소소한 즐거움은 '칭송받을 만한' 삶의 구성 요인이 아니라고 생각했기 때문이다. 이들이 스스로 행복하다고 생각하는 것은 아리스토텔레스에 의하면 '착각'이다. 사실 그가 관심을 둔 것은 정확히 말해 '가치 있는 삶good life'이지 '행복한 삶happy life'이 아니었다. 우리가 이 둘을 혼동하고 있는 것이다. 어쨌든 이런 초엘리트주의적 행복관의 잔재 때문에 좋은 삶과 행복한 삶이 뒤엉켜 있다."[35]

펜실베이니아대학의 심리학자 마틴 셀리그먼Martin Seligman, 1942~은 2004년에 발표한 「에우다이모니아: 좋은 삶Eudaemonia: The Good Life」이라는 글에서 '행복의 제3의 형태'를 가리키기 위해 이 말을 썼다. 이 말은 "당신이 지닌 최고의 힘이 무엇인지를 다시 깨달아서, 자기 자신보다 더 크다고 믿는 무언가를 위해 그 힘을 쓴다"는 의미다.[36] 셀리그먼은 에우다이모니아를 '좋은 삶'으로 정의하면서 다음과 같이 말한다.

"토머스 제퍼슨과 아리스토텔레스가 행복의 추구를 말할 때 의미한 삶이다. 그것은 많이 웃고 깔깔거리자는 뜻이 아니다. 아리스토텔레스는 명상의 즐거움과 좋은 대화의 즐거움을 이야기한다. 그는 원초적인 느낌이나 전율이나 오르가슴을 이야기하지 않는다.……에우다이모니아에 다다르면 시간은 멈춘다. 그리고 완전한 평온을 느낀다. 자의식은 차단되고 우리는 음악과 하나가 된다."[37]

　　미국 심리학자 에이브러햄 매슬로Abraham Maslow, 1908~1970는 인간을 동기화하는 5가지의 욕구로 생리적 욕구physiological needs, 안전과 신체적 보호 욕구safety and security needs, 소속과 사랑의 욕구belonging and love needs, 존중 욕구esteem needs, 자아실현 욕구self-actualization needs를 제시했다. 이런 욕구 위계hierarchy of needs의 최상위에 속하는 '자아실현'을 에우다이모니아로 보는 시각도 있다.[38]

인간관계
와
소통

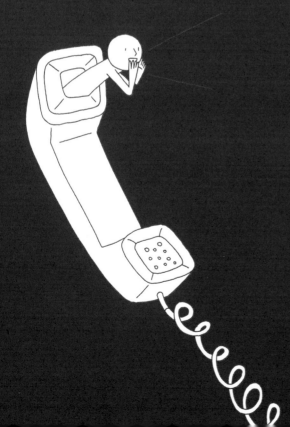

왜 사과를
'어팔러지'라고 할까?

apology

우리말 '사과謝過'에 해당하는 영어 단어인 apology는 그리스어 'apologia'에서 유래했다. 이 말은 'apo(떨어지다)'와 'logos(말)'가 합쳐진 단어로 '죄에서 벗어날 수 있는 말'이라는 의미를 갖고 있다. 그래서 16세기부터 영어에선 apology가 "옹호하다, 변명하다, 정당화하다"는 뜻으로 쓰이기 시작했다. 그러다가 '사과'의 의미로 발전했는데, 이는 사과를 통해 얻을 수 있는 가장 큰 이득은 그것을 통해 마음의 짐을 덜 수 있다는 것으로 이해할 수 있겠다.

'옹호'의 뜻으로 쓰인 apology의 흔적은 영국의 성직자이자 신학자인 리처드 왓슨Richard Watson, 1737~1816이 남긴 두 권의 책 제목에서 찾아볼 수 있다. 그는 미국의 정치 이론가 토머스 페인Thomas Paine, 1737~1809 등의 기독교 비판에 대응하기 위해 1790년대 후반에

『기독교 옹호론An Apology for Christianity』과 『성경 옹호론An Apology for the Bible』을 출간했다.[1]

apology의 동사형은 apologize(사과하다)다. sorry가 나의 미안함을 솔직하게 드러내는 사과라면, apology는 공식적인 자리에서 하는 사과다. 그런데 미국에서 대부분 기업의 고객 담당 부서 직원들은 'Sorry'를 사용하지 말도록 교육받는다. 'I apologize', 'We apologize'보다 진정성이 떨어지기 때문이라고 한다. 사과를 하는 건 좋은 일이긴 하지만, 미국에서 잘못을 사과하는 건 자신의 과오나 죄를 인정하는 것이 되므로 조심해야 한다.[2]

apology bonus는 미국 기업계에서 쓰는 말로, 경기가 좋을 줄 알고 신규 채용을 했는데 갑자기 경기가 나빠져 신규 채용자를 해고할 때에 주는 보너스를 말한다. 자기 기업의 평판을 보호하려는 사과성 보상금으로 이해할 수 있겠다. '역逆 고용 보너스reverse hiring bonus' 또는 '인내 보상금perseverance pay'이라고도 한다.[3]

Never apologize for showing feeling. When you do so, you apologize for the truth(감정을 드러낸 것에 대해 사과하지 마라. 만약 사과한다면, 그건 진실에 대해 사과를 하는 것과 같다). 영국 정치가이자 작가인 벤저민 디즈레일리Benjamin Disraeli, 1804~1881의 말이다.[4]

The era of apologizing for Republican mistakes of the past is now officially over. It is done(과거 공화당이 저지른 실수를 사과하는 시대는 이제 공식적으로 끝났다. 그간 충분했다). 2009년 5월 미국 공화당 전국위원회 의장 마이클 스틸Michael Steele, 1958~이 공화당 지도부 모임에서 행한 연설에서 공화당의 미래와 관련해 한 말이다.

왜 미국인들은 '오섬'이란 말을
입에 달고 다니나?

○
avvesome

우리는 미국인은 영어를 다 잘할 것이
라고 생각하지만, 꼭 그렇지만도 않다. 미국 대학의 1학년 영어 수업
풍경은 아주 재미있다. 강사가 학생들의 틀린 발음에서부터 문법에
맞지 않는 표현에 이르기까지 일일이 지적해주면서 반복 학습을 시
키기 때문이다.

임귀열은 "미국 대학에서는 1학년 때부터 피해야 할 표현을
배운다. 보고서나 편지 메모에서 피해야 할 표현은 대부분 구어체
어구에서 온 것으로 great, a lot, interesting, really, very,
exciting, things, wonderful, feel 등이다. 이들은 사실을 과장 왜
곡하기 때문에 의사 전달을 방해한다"며 다음과 같이 말한다.

"가령 Apple사의 Steve Jobs가 신상품을 소개하며 과장된
언어를 사용하는 것은 익히 알려진 바인데 그가 남발하던 awesome

도 대학에서는 사용하지 말아야 할 단어 중 하나다. 말하는 사람은 멋지고 훌륭하다며 awesome이라고 하지만 그 기준은 모호하다."[5]

awesome의 원래 뜻은 "두려운, 무서운, 위엄 있는"이지만, 1980년경부터 속어俗語로 "최고의, 멋진"이란 뜻으로 더 많이 쓰인다. 대학에선 어떻게 가르치건 미국인들은 이 말을 입에 달고 산다고 해도 과언이 아닐 정도로 즐겨 쓴다. 처음에 명문 사립학교 학생들과 뉴욕 상류층에서 즐겨 썼기 때문에 생겨난 '후광 효과' 때문인 것 같다. awe, 즉 경외敬畏를 유발할 정도로 대단하다는 뜻으로 이해하면 되겠다.[6]

stand in awe of는 "~을 경외하다"는 뜻이다. The soldier stood in awe of his officers(그 군인은 장교들을 경외했다). An ignorant person doesn't stand in awe of the great(하룻강아지 범 무서운 줄 모른다). I stand in awe of my body(나는 나의 몸을 경외한다). 마지막 문장은 미국의 초월주의 작가 헨리 데이비드 소로Henry David Thoreau, 1817~1862의 말이다.[7]

같은 영어일망정 미국어와 영국어의 큰 차이 중 하나는 과장법이다. 물론 미국인의 과장법이 더 심하다. 과장법을 싫어하는 영국인들은 '오섬'을 남발하는 미국인들을 경멸하는 경향이 있다. 영국 저널리스트 올리버 버크먼Oliver Burkeman은 2008년 미국의 어느 정치 행사에 기자 자격으로 참석한 경험을 토로하면서 미국인들이 '오섬'이란 단어를 남발하는 것을 다음과 같이 비꼰다.

"한 젊은 공무원이 내게 다가와 자리를 바꾸어줄 수 있는지 물었다. 그는 바꾸어주면 '오섬'할 것이라고 말했다. 나는 그와 자리를 바꾸어 앉았다. 그러자 그는 또다시 '오섬'이라고 말했다. 그 후에도 그는 '오섬'이라는 단어를 여러 번 반복했다. 그가 '오섬'이라는 단어를 아무 때나 써대는 것을 보면서 나는 그 공무원이 겨우 자리 하나 바꿔 앉는 것을 '굉장하다'고 감탄할 만큼 모자란 사람이거나 아니면 아부를 밥 먹듯 하는 한심한 인간일 것이라고 생각했다."[8]

그렇지만 영국의 10대들도 '오섬'이라는 말을 즐겨 쓰는 걸 어이하랴. 미국인이 'awesome'이라고 말하는 상황에서 영국인은 'brilliant'나 'marvelous'라는 말을 쓰는 게 일반적이지만, 기성세대에 비해 미국화가 빠른 영국의 10대들은 '오섬'을 새로운 유행으로 받아들여 널리 쓰고 있다. 캐나다와 호주에서도 널리 쓰이는 말이다.[9]

왜 사기꾼을
'콘 맨'이라고 하는가?

confidence

confidence(신뢰, 자신감, 확신)는 "나는 신뢰한다"를 뜻하는 라틴어 '피도fido'에서 유래한 말이다. 우리가 경제적으로 겪는 자신감 위기는 '신용 위기'라고도 불리는데, '신용 credit'의 어원 역시 "나는 믿는다"를 뜻하는 라틴어 '크레도credo'다.[10]

When he speaks, he gives those who hear him confidence: not in him but in themselves(그는 자신의 말을 듣는 사람들에게 신뢰를 준다. 그에 대한 신뢰가 아니라 듣는 이들 자신에 대한 신뢰다). 영국 총리 고든 브라운Gordon Brown, 1951~이 미국 대통령 버락 오바마Barack Obama에 대해 찬사를 보내며 한 말이다.[11]

그러나 오바마에 대해 비판적인 사람은 이렇게 말할 수도 있을 것이다. Confidence is the feeling you have before you understand the situation(확신은 상황을 이해하기 전에 갖는 감정이다).

신뢰엔 연고 중심의 '사적 신뢰'와 사회적 차원의 '공적 신뢰'가 있는데, 사회학자 애덤 셀리그먼Adam Seligman은 전자를 confidence, 후자를 trust라고 부르면서 명확히 구분한다.[12]

con man은 "사기꾼, 협잡꾼"으로, confidence game에 당한 confidence man을 줄인 말이다. 미국에서 남북전쟁 직후 먹고 살기가 어려웠던 시절 수많은 사기·협잡이 난무했다. 가장 흔한 수법 중의 하나가 곧 노다지가 터져나올 광산의 주식을 사라는 따위의 것이었다. 물론 사실과는 전혀 다른 사기였지만, 어리숙한 사람들 중엔 그런 말에 confidence(신뢰)를 보이는 사람들이 꽤 있었다. 이렇듯 피해자의 confidence를 이용한다는 의미에서 confidence game(신용 사기), confidence man이라 부르게 된 것이다.[13]

confidence game은 confidence trick 또는 confidence scheme이라고도 하며, con man은 con artist(confidence artist)라고도 한다.[14] overconfidence effect는 자신의 능력을 과대평가하는 '과신 효과'를 말한다.[15]

왜 일부 지식인들은
'카우치 서핑'을 예찬하는가?

couch surfing

couch surfing(카우치 서핑)은 잠잘 만한 '소파couch'를 '옮겨 다니는 일surfing'을 뜻하는 여행자 네트워크로, 2004년 미국 보스턴의 한 대학생이 시작했다. 인터넷www.couchsurfing.org과 페이스북을 통해 운영되며, 세계 10만여 도시에 회원이 약 600만 명에 달한다. '숙소 교환'이 아니라, A는 B를, B는 C를, C~Z 중 누군가는 다시 A를 재워주는 식으로 연결되는 일종의 '무료 숙소 품앗이'다. 여행을 원하는 '서퍼surfer가 목적지 회원들에게 '호스트host' 요청을 하면, 호스트는 자기소개서를 보고 교류하고 싶은 기술·지식·경험 등을 가진 서퍼를 선택, 숙박을 제공한다.[16]

카우치 서핑의 목표는 "회원들이 만남을 통해 삶을 공유하고 문화적 교류와 상호 존중을 촉진하도록" 돕는 것이다. 99퍼센트 이상의 회원이 카우치 서핑을 통해 긍정적인 경험을 한 적이 있다고 답했으며, 회원들이 방문을 통해 우정을 맺었다고 보고한 사례가 1,910만 건, 뜻이 맞는 공유 경험자들끼리 결성한 회원 모임이 4만 개가 넘는다(2013년 기준).[17]

제러미 리프킨Jeremy Rifkin은 2011년에 출간한 『3차 산업혁명: 수평적 권력은 에너지, 경제, 그리고 세계를 어떻게 바꾸는가』에서 "분산 및 협업 사고 공유체인 카우치 서핑은 다양한 문화권의 사람들에게 삶을 공유할 기회를 제공하기 위해 고안되었다. 카우치 서핑의 목표는 '공감할 수 있는 정직한 소통으로 사람을 통합하는 것'이며, 사명은 우리 모두가 지구촌 확대 가족의 구성원이라는 사실을 널리 알리는 일이다"며 다음과 같이 말한다.

"글로벌 시민이 져야 할 책임은 보다 지속 가능한 방식으로 생활하여 인류의 생물권을 잘 유지할 수 있도록 돕는 일이다. 100만 명 이상의 여행자에게 현지 주택을 숙식처로 제공하는 카우치 서핑은 탄소발자국을 현저히 줄이는 데 일조했다. 일반 여행자들이 머무는 호텔 등은 훨씬 더 많은 에너지를 소모하기 때문이다."[18]

하버드 로스쿨 교수 요차이 벤클러Yochai Benkler는 『펭귄과 리바이어던: 협력은 어떻게 이기심을 이기는가』(2011)에서 "카우치 서핑은 공유된 가치관을 강조함으로써 사이트를 하나의 공동체로 표현할 뿐 아니라 상호 호혜나 커뮤니케이션, 신뢰와 같은 공동체의 강력한 규범 또한 전달하고 있다. 이 사이트는 포스팅과 이메일, 소셜 네트워크로서의 특징을 통해 회원과 지속적으로 접촉함으로써 이런 규범(지불 금지 조항 같은)들을 알리는 소수의 적극적인 대표자들에게 크게 의존하고 있다"며 다음과 같이 말한다.

"사이트 설립자들은 단순히 '이것이 하나의 공동체다'라고

The Triumph of
Cooperation over Self-interest

말만 하는 게 아니라 실제 공동체의 '느낌과 경험'을 유지해주는 확실한 조치를 취함으로써 이 시스템(과 사이트가 의존하고 있는 협력관계)을 지속적으로 순탄하게 운영하고 있다. 그리고 이런 결과들은 사람들이 카우치 서핑 사이트에 올리는 글에서 확인할 수 있다. 카우치 서핑 사이트의 게시판을 읽어보면, 제대로 작동하고 있는 진정한 공동체를 목격하고 있다는 느낌이 든다."[19]

왜 미국인들도 '커머전'이라는 단어를 헷갈려 하나?

○
curmudgeon

curmudgeon은 "노랑이, 구두쇠, 심술 궂은 사람, 까다로운 사람(노인)"을 뜻한다. 1570년대에 만들어진 말이지만, 그 기원은 알 수 없다. 다만 몇 가지 설이 존재할 뿐인데, 프랑스어 coeur mechant(evil heart)에서 비롯되었다는 설, 첫 번째 실러블syllable(음절)인 cur가 dog를 뜻하는 것과 관련이 있다는 설, 게일어Gaelic인 muigean(disagreeable person)에서 비롯되었다는 설 등이 있다.[20]

이 단어의 정확한 뜻에 대해선 미국인들도 헷갈려 한다. "사악한, 탐욕스러운"이란 뜻을 실은 사전도 있는 반면, "까다로운, 성마른"의 수준에 머무른 사전도 있기 때문이다. 1969년 저널리스트 휴 시디Hugh Sidey가 『라이프Life』에 75세 먹은 언론계 거물 존 나이트John Knight를 "an old curmudgeon"이라고 부르는 기사를 썼다. 나이트는 처음엔 분노했지만 시디가 "a likeably irascible old man(밉지 않게 화를 잘 내는 노인)"이라는 뜻으로 그 단어를 썼다고 해명하자 누그러지면서 "언제 한잔하자"고 답을 보냈다는 일화가 있다.

David is such a curmudgeon(데이비드는 참으로 괴팍한 노인이다). In the later years, the actor was often cast as an elderly curmudgeon(말년에 그 영화배우는 심술궂은 구두쇠 노인의 역할을 자주 맡았다). Now, I'm not (just) being a curmudgeon(지금 나는 괴팍하게 구는 게 아니다). I don't want to be curmudgeonly(나는 인색하고 싶지 않다).²¹

영국의 진보적 지식인 크리스토퍼 히친스Christopher Hitchens, 1949~2011는 『젊은 회의주의자에게 보내는 편지Letters to a Young Contrarian』(2001)에서 이렇게 말한다. "나는 나 자신이 과거의 '악동bad boy'에서 탈피해 '괴팍한 늙은이curmudgeon'가 될 때까지 오래 살 수 있다면 좋겠네."²²

왜 on the level이 '정직한'이란 뜻을 갖게 되었을까?

●
on the level

"Listen, Ann, I'm on the level. No funny business." 영화 〈킹콩King Kong〉(1933)에서 곧 출항을 해야 하는데 아직 마땅한 여배우를 구하지 못한 영화 감독 로버트 암스트롱이 길거리에서 만난 페이 레이에게 주연을 맡아달라고 부탁을 하면서 한 말이다. 영화 자막엔 "들어봐요, 앤, 나는 공인이오. 장난으로 출항하는 것이 아니오"라고 되어 있는데, 왜 on the level이 '공인'으로 오역되었을까? 혹 '수준이 있는 사람' 정도로 해석한 건 아닐까? 안정효는 『오역사전』(2013)에서 어이없는 오역이라며 올바른 번역을 이렇게 제시한다. "이봐요, 앤, 난 정직한 사람이라니까요. 아무런 흑심이 없다고요."[23]

on the level은 "공평하게(한), 철저하게(한), 정직하게(한), 솔직히(한), 신뢰할 수 있는"이란 뜻이다. level(수평)이 왜 이런 뜻을 갖게 되었을까? 이는 옛날 석조 건축에서 수평을 맞추는 것이 절대적으로 중요했기 때문에 생겨난 말이다. 수평을 제대로 맞춘다는 것은 기초를 튼튼히 하는 것이요 건물의 안전을 보장하는 것이었기 때문에, level이 진실 되고, 정직하고, 믿을 만하다는 뜻까지 갖게 된 것이다. on the square도 같은 맥락에서 나온 말이다. 석조 건축에서 on the square는 직각直角을 맞추는 것이지만, 비유적으론 "정직하게(한), 공정히(한)"의 뜻으로 쓰인다.

On the level, I don't like him(솔직히 말해서, 그를 좋아하지 않는다). I want to be on the level with you(너한테는 허심탄회하게 말할게). You can trust Sally. She's strictly on the level(샐리는 신용할 수 있습니다. 그녀는 성실 그 자체입니다). How can I be sure you're on the level(대체 어떻게 해서 당신이 공명정대하다고 확신할 수 있는 겁니까)? Are you sure this deal is on the level(이 거래가 합법적인 게 확실해요)?[24]

왜 '오스트라시즘'이 사회적 배척을 뜻하게 되었는가?

ostracism

ostracism(오스트라시즘)은 고대 그리스에서 기원전 508년 헌법을 제정한 이후 민주적 체제 유지에 위험한 인물을 투표로 결정해 5년에서 10년간 국외 추방했던 이른바 도편추방제陶片追放制를 말한다. 그리스어 ostrakon에서 비롯된 말인데, ostrakon은 도편, 즉 '도기 파편陶器 破片'이란 뜻이다. 당시 종이는 매우 귀하고 비쌌기 때문에 쉽게 구할 수 있는 도편을 이용한 것이다. 투표는 추방 대상자 이름을 도기 파편이나 조가비 위에 쓰는 방식으로 이루어졌다. 그러나 이 제도가 사라진 기원전 5세기 말까지이 제도에 의해 실제로 추방된 사람은 10명 미만이었다고 한다. suffer social ostracism은 "사회에서 매장되다"는 뜻이며, ostracism의 동사형은 ostracize다.[25]

Surviving comfort women have suffered permanent

injury from disease, psychological trauma, or social ostracism(생존한 위안부 여성들은 질병, 심리적 트라우마[외상], 혹은 사회적 배척으로 영원한 피해를 겪어왔다). Muslims who converted faced social ostracism(개종한 무슬림들은 사회적 배척에 직면했다). People suffer from discrimination and ostracism at work or school and in society in general(사람들은 직장, 학교, 사회 전반적으로 행하는 차별과 배척으로 인해 고통을 받고 있다).

He was ostracized by his colleagues for refusing to support the strike(그는 파업을 지지하지 않았다고 동료들에게서 외면당했다). Such a person ought to be ostracized from the society(그런 인간은 사회에서 매장해야 한다). If you ostracize the offenders from the society, they will be more discriminated against and they become more likely to commit the crimes again(우리가 사회에서 범법자들을 추방하면 그들은 더 차별을 받게 되고 다시 범죄를 저지를 가능성이 더 높아진다). He was ostracized by the other students(그는 다른 학생들에게 배척당했다). He is ostracized by his friends for acting too stuck-up(그는 너무 잘난 체를 해서 친구들에게 따돌림을 당한다).[26]

왜 '패러사이트'가
기생충이 되었는가?

parasite

parasite(기생충, 식객)는 그리스어 parasitos에서 나온 말로, para는 "beside", sitos는 "food"를 뜻한다. 음식 옆에 붙어 있다는 뜻인데, 주인에게 아첨을 하며 밥을 얻어먹는 식객을 가리키는 말이었다. 오늘날에도 '식객'이라는 뜻으로 쓰이긴 하지만, '기생충'까지 뜻할 정도로 그 의미가 악화되었다 하겠다.[27]

미국 제3대 대통령 토머스 제퍼슨Thomas Jefferson, 1743~1826은 "I think we have more machinery of government than is necessary, too many parasites living on the labour of the industrious(정부 조직이 비대하다. 열심히 일하는 사람들의 노동에 기생하는 사람들이 많은 것이다)"라고 말한 바 있다. 미국 코미디언 에드 윈Ed Wynn, 1886~1966은 parasite에 대해 "내 힘으로 민 회전문에 끼어 들

어오는 사람A parasite is the guy who goes through the revolving door on your push"
이란 정의를 내렸다.[28]

　　패러사이트족parasite族은 21세기 들어 일본에서 만들어진 신조어로 대학까지 졸업하고도 정규직에 종사하려 하지 않고, 저임금 임시직 노동(예: 편의점이나 패스트푸드점 점원)으로 용돈이나 벌면서 납세나 생계의 의무를 부모에게 의탁하고 부모에게서 독립하지 않으려 하는 20대 중·후반의 젊은이들을 가리키는 말이다. 패러싱글족para single族: parasite+single은 2004년 국립국어원 '신어' 자료집에 수록된 단어로, 결혼해 독립할 나이가 되었지만 결혼도 하지 않은 채 경제적 이유로 부모 집에 얹혀사는 사람을 가리키는 말이다.[29]

'구동존이'를 영어로
뭐라고 할까?

agree to disagree

구동존이求同存異는 "공통점을 구하고 차이점은 놔둔다"는 것으로, 중국인들이 즐겨 쓰는 협상 전술이다. 이 전략은 1955년 당시 중국 부주석 저우언라이周恩來, 1898~1976가 인도네시아에서 열린 반둥회의에서 행한 연설에서 유래했다. "큰 틀에서 상대방도 나와 같은 생각이니 지엽적인 문제는 뒤로하고 공통점을 찾아 먼저 진행하자"는 이 말은 그 뒤로 중국 외교 제1원칙으로 준수되고 있다.[30]

영어권에서는 "Let's agree to disagree"란 말을 사용하는데, 이는 "서로의 견해 차이를 인정하고 다투지 않기로 하다"는 뜻이다. agree to differ라고도 하는 이 표현의 기원은 18세기로 거슬러 올라간다.

감리교Methodism의 창시자들 중 한 명인 존 웨슬리John Wesley,

1703~1791는 복음 전도자인 조지 화이트필드George Whitefield, 1714~1770 와 신학상의 견해 차이가 있었는데, 화이트필드가 1770년에 사망하자 웨슬리가 설교를 통해 그를 추모하면서 쓴 말이다. 1787년 웨슬리는 동생인 찰스 웨슬리Charles Wesley, 1707~1788와도 종교적인 문제로 갈등을 빚었는데, 이번엔 동생 찰스가 형에게 보낸 편지에 다음과 같이 썼다. "Stand to your own proposal, 'let us agree to differ'(형의 주장을 고수하세요. '서로의 견해 차이를 인정하고 사이좋게 지냅시다.')"³¹

우리 인간의 삶에선 '만장일치滿場一致'보다는 '구동존이'가 바람직한 경우가 많다. 실제로 수많은 사상가가 그 점을 역설하고 있다. 이와 관련된 명언을 6개만 감상해보자.

(1) There is no conversation more boring than the one where everybody agrees(모든 사람이 의견의 일치를 이루는 대화만큼 지루한 건 없다). 프랑스 사상가 미셸 몽테뉴Michel Eyquem de Montaigne, 1533~1592의 말이다.

(2) If men would consider not so much wherein they differ, as wherein they agree, there would be far less of uncharitableness and angry feeling in the world(사람들이 자신이 동의하지 않는 것보다는 동의하는 것에 더 주의를 기울인다면 이 세상에서 무자비함과 분노의 감정이 훨씬 줄어들 것이다). 영국 작가 조지프 애디슨Joseph Addison, 1672~1719의 말이다.

(3) You may easily play a joke on a man who likes to argue-agree with him(논쟁하길 좋아하는 사람을 골탕 먹이는 방법은 그 사람의 주장에 동의하는 것이다). 미국 작가 에드 하우Ed Howe,

1853~1937의 말이다.

(4) The fellow that agrees with everything you say is either a fool or he is getting ready to skin you(당신이 말하는 모든 것에 동의하는 이는 바보이거나 당신을 벗겨 먹으려는 사람이다). 미국의 유머리스트humorist 킨 허버드Kin Hubbard, 1868~1930의 말이다.

(5) I have never in my life learned anything from any man who agreed with me(내 생각에 동의한 사람에게 배운 건 하나도 없다). 미국 정치가 더들리 필드 멀론Dudley Field Malone, 1882~1950의 말이다.

(6) If you find yourself in the company of people who agree with you, you're in the wrong company(너희들이 의견이 같은 사람들 하고만 어울린다면 그건 잘못된 것이다). 전 미 국무장관 콘돌리자 라이스Condoleezza Rice, 1954~가 스탠퍼드대학 교수 시절 늘 학생들에게 열띤 토론을 요구하면서 한 말이다. 그녀는 27세 때인 1981년 덴버대학에서 정치학 박사학위를 받자마자 스탠퍼드대학 교수가 되었다. '콘돌리자'는 이탈리아어 음악 용어인 'con dolcezza(with sweetness)'에서 가져온 것으로, 피아니스트인 그녀의 어머니가 붙여준 이름이다.[32]

천사의 편에 서겠다는 것은 무슨 뜻인가?

○
angel

　　angel(천사)은 그리스어에서 나온 말로 생각하기 쉽지만, "메신저messenger, 배달인courier"을 뜻하는 페르시아어 angel에서 나온 말이다.[33]

　　be on the side of the angels(천사 편이 되다)는 "정통적인 견해를(사고방식을) 가지다"는 뜻이다. 1859년 찰스 다윈Charles Darwin, 1809~1882의 『종의 기원Origin of Species』이 출간되어 오랫동안 큰 논란을 빚자, 영국 수상 벤저민 디즈레일리Benjamin Disraeli, 1804~1881가 보인 다음과 같은 반응에서 유래된 말이다. The question is this: Is man an ape or an angel? I am on the side of the angels(문제는 인간이 원숭이냐 천사냐 하는 것인데, 나는 천사들의 편에 서겠다).

　　물론 천사들의 편에 선다는 것은 정통적인 견해를 고수하겠다는 뜻이다. 오늘날엔 어떤 사람이 이룬 업적이나 실적은 영 신통

치 않더라도 그 사람의 의도는 좋았다는 것을 평가할 때에, 다음과 같이 말하기도 한다. At least he's on the side of the angels(그래도 좋은 사람이잖아).[34]

guardian angel은 "수호천사, 수호신, 남의 행복을 돌봐주는 사람"이다. A delightful guide was my guardian angel for the first week of the tour(한 쾌활한 가이드가 그 관광 첫 주 동안 내 수호천사였다). 미국의 직장인들은 자신을 돌봐주는 중역을 가리켜 guardian angel이라고 한다.[35]

angel investor(엔젤 투자자)는 창업 초기단계의 벤처기업에 투자하는 개인 투자자들을 가리키는 말이다. 일반 투자자에 비해 이윤 추구욕은 더 강하지만, 모험과 상상력에 열려 있다.[36] 이해진은 "자본금 부족에 허덕이는 스타트업들에게는 말 그대로 '천사'와 같은 존재여야 할 엔젤이 경영권을 두고 스타트업과 갈등을 빚으며 악마로 돌변하고 있다"며 다음과 같이 말한다.

"엔젤들은 고의로 스타트업의 업무를 방해하거나 후속 투자를 용인하지 않는 등 횡포를 부리고 있다고 합니다.……그러나 마냥 투자자만 '나쁜 놈'으로 몰아붙여선 안 된다는 항변의 목소리도 들립니다. 스타트업에 투자한 한 엔젤은 '소액이기는 하나 자금을 투자한 엔젤로서는 사업 진행사항에 관심을 두는 게 당연하다'며 '그러나 투자 전 그렇게 많이 연락하던 스타트업 대부분은 돈을 받은 뒤, 태도를 바꿔 주주의 의견을 무시하고 연락조차 뜸하다'고 불만을 토로했습니다. 계좌에 숫자 찍히기 전과 후의 태도가 너무나 다른 '배은망덕'한 스타트업이 엔젤의 화를 돋운다는 겁니다."[37]

Hells Angels(헬스 엔젤스)는 "지옥地獄의 천사天使들"로, 1948년

When we *do* right, nobody remembers.
When we *do* wrong, nobody forgets

미국 캘리포니아주에서 결성된 모터사이클 폭주족 클럽이다. 주로 할리데이비슨Harley-Davidson을 타며, 세계 27개국에 230개의 지부가 결성되어 있을 정도로 세계적인 인기를 누리고 있다. 그러나 미국에선 법무부에 의해 범죄단체로 규정될 정도로 각종 범죄에 연루되어 있다. 미국 헬스 엔젤스의 좌우명은 "When we do right, nobody remembers. When we do wrong, nobody forgets(우리가 옳은 일을 하면 아무도 기억하지 못하지만, 우리가 말썽을 일으키면 아무도 잊지 않는다)" 이다. angel dust는 '합성 헤로인' 마약인데, 처음에 헬스 엔젤스에 의해 불법 유포되었다고 해서 그런 이름이 붙었다. 이 마약을 먹으면 천당에 간 기분이라고 해서 붙은 이름이라는 설도 있다.[38]

angelism(천사주의)은 인간을 근원적으로 천사와 같다고 보는 신학적 개념이다.[39] 천사주의는 '육신 없는 인간'의 과정을 가리키는 개념으로도 쓰인다. 캐나다의 커뮤니케이션 학자 마셜 매클루언Marshall McLuhan, 1911~1980은 1970년 이후로 '육신 없는 인간'이라는 개념에 집착했는데, 이에 대해 더글러스 코플런드Douglas Coupland는 다음과 같이 말한다.

"육신 없는 인간은 전화로 다른 대륙 사람들과 이야기하는 것이 익숙하고, 텔레비전 화면은 그의 중추신경계를 식민화한다. 육신 없는 인간은 규칙적인 시간관계에 따르지 않고 모든 곳에 있으면서도 아무 곳에도 없는 상태를 좋아한다. 그는 이미지와 정보 패턴들의 세계인 사이버공간에 사는데, 그 자신도 하나의 정보 패턴이다."[40]

냉소주의자를 간단하게
판별할 수 있는 법은 무엇인가?

cynic

cynic은 '냉소주의자'다. 오늘날의 의미로 냉소주의자는 인간 종족에 대한 신뢰의 결여, 사람들의 동기에 대한 불신, 사회적 윤리규범과 가치에 대한 불신 등을 갖고 있는 사람을 가리킨다.[41] 냉소주의자를 간단하게 판별할 수 있는 법은 없을까? 이와 관련, 절반만 채워진 잔을 놓고 "Is the glass half full or half empty?"라고 질문을 던지면 낙관론자는 "절반이 채워져 있다the glass is half full", 비관론자는 "절반이 비어 있다The glass is half empty", 냉소주의자는 "절반의 물을 누가 마셨는지 궁금하다He wonders who drank the other half"고 말한다는 우스갯소리가 있다.[42]

"A cynic is just a man who found out when he was ten that there wasn't any Santa Claus, and he's still upset(냉소주의자는 10세 때 산타클로스는 없다는 걸 알고서 지금까지도 당황해하는 사람

159

이다)"는 유머도 있다.

『뉴욕타임스』의 칼럼니스트 제임스 레스턴James Reston, 1909~1995이 사망했을 때 나온 헌사는 "He remained an idealist in a world of cynics(그는 냉소주의자들의 세계에서 이상주의자로 남아 있었다)"였다.[43] 다음과 같은 명언들도 냉소주의자를 판별하는 데에 도움이 될 것 같다.

The cynic is one who never sees a good quality in a man, and never fails to see a bad one(냉소주의자는 사람의 좋은 점은 보지 않으면서 나쁜 점을 보는 데엔 귀신같은 사람이다). 미국의 목사이자 노예폐지 운동가였던 헨리 워드 비처Henry Ward Beecher, 1813~1887의 말이다.

A cynic is simply a dead idealist(냉소주의자는 맛이 간 이상주의자다). 미국 독설가 앰브로즈 비어스Ambrose Bierce, 1842~1914의 말이다.

A cynic is a man who knows the price of everything, and the value of nothing(냉소주의자는 모든 것의 가격을 알지만 가치는 모르는 사람이다). 영국 작가 오스카 와일드Oscar Wilde, 1854~1900의 말이다.

A cynic is a man who looks at the world with a monocle in his mind's eye(냉소주의자는 마음의 눈에 외알 안경을 쓴 채 세상을 바라보는 사람이다). 미국 작가 캐럴린 웰스Carolyn Wells, 1862~1942의 말이다.

성性
과
남녀관계

왜 섹스 심벌을 '폭탄'이라고 부르게 되었을까?

○
bombshell

한국에선 못 생긴 여자를 가리키는 은어 중에 '폭탄'이 있지만, 영어에선 정반대로 bombshell(폭탄, 포탄)은 "섹스 심벌, 매우 매력적인 미인"이란 뜻으로 쓰인다. 폭탄이 섹스 심벌이 된 기원은 1930년대 할리우드의 섹스 심벌로 활약한 여배우 진 할로Jean Harlow, 1911~1937가 출연한 1933년 영화 〈Bombshell〉때문이다. 이 영화는 영국에선 전쟁영화로 오해받을까봐 제목을 〈Blonde Bombshell〉로 바꾸었는데, 금발머리를 가진 미녀를 가리켜 'blonde bombshell'이라고 하는 표현도 많이 쓰이게 되었다.[1]

진 할로 이후 세계적인 bombshell, 즉 섹스 심벌의 계보를 잇는 이들은 메릴린 먼로Marilyn Monroe, 리타 헤이워스Rita Hayworth, 다이애나 도스Diana Dors, 제인 맨스필드Jayne Mansfield, 마미 반 도렌Mamie Van Doren, 제인 러셀Jane Russell, 에바 가드너Ava Gardner, 브리지트 바르

도Brigitte Bardot, 킴 노박Kim Novak, 소피아 로렌Sophia Loren, 앤 마그레트 Ann-Margret, 라켈 웰치Raquel Welch, 우술라 안드레스Ursula Andress, 브리 트니 스피어스Britney Spears, 디타 본 티스Dita Von Teese, 디오사 코스텔 로Diosa Costello 등이다.[2]

a literary bombshell은 "문단의 총아"란 뜻이다. drop a bombshell은 "폭탄선언을 하다, 야비한 기습을 가하다"는 뜻으로, 제1차 세계대전 때부터 쓰인 말이다. a regular bombshell은 "대소 동", explode a bombshell은 "깜짝 놀라게 하다"는 뜻이다. The news of his resignation was a bombshell(그의 사임 소식은 그야말 로 날벼락이었다).[3]

왜 구애자를 퇴짜 놓는 걸
brush-off라고 할까?

●
brush-off

"You like me, so you're gonna marry him. Well, that's a new kind of brush." 영화 〈모로코로 가는 길Road To Morocco〉(1942)에서 빙 크로즈비Bing Crosby를 좋아한다면서도 결혼은 밥 호프Bob Hope와 하겠다고 고집하는 도로시 라무어 Dorothy Lamour에게 크로즈비가 한 말이다. 이 말을 어떻게 번역해야 할까? 영화 자막에선 이렇게 번역되었다. "나를 좋아하기 때문에 그 친구하고 결혼할 생각이라니, 그건 신세대 사랑법이오."

그러나 안정효는 『오역사전』(2013)에서 a new kind of brush는 '신세대 사랑법'이 아니라 '거절하는 새로운 방법'이라며 이렇게 번역하는 게 옳다고 말한다. "나를 좋아하니까 저 친구와 결혼한다니. 그래, 딱지를 놓는 방법도 가지가지구먼."[4]

여기서 brush는 get the brush-off(퇴짜 맞다, 거절당하다, 해고

당하다)라는 숙어에서 나온 말이다. brush-off가 솔로 먼지 따위를 털어내는 걸 뜻하는 데에서 비롯된 말이다. 풀만 카Pullman car(조지 풀만George Pullman, 1831~1897이 제작한 호화로운 침대차)에서 일하는 사환들의 행태에서 비롯된 말이라는 설도 있다. 이들은 팁을 줄 것 같지 않은 손님에겐 먼지를 털어주는 듯한 시늉만 냈다는데, 손님으로선 이게 바로 get the brush-off라는 것이다. 1941년경부터 쓰인 말이다.[5]

I brushed off dandruff(비듬을 털었어). She brushed him off at the dance(댄스파티에서 그녀는 그를 거들떠보지도 않았다). I got the brush-off(무시당했어. 퇴짜 맞았어). His way of brushing off a question is to pretend he did not hear it(그가 질문을 무시하는 방법은 그 질문을 못 들은 척하는 것이다). Spreading groundless rumors is irresponsible, but education authorities, who took the issue lightly by brushing off the rumor, also seem irresponsible(근거 없는 괴담을 퍼뜨리는 쪽도 무책임하지만, 사실무근이라며 가볍게 넘어간 교육 당국 역시 무책임하게 보인다).[6]

왜 여성 동성애자를
레즈비언이라고 할까?

○
lesbian

　　　　　　　　lesbian(레즈비언)은 원래 고대 그리스
에게해the Aegean Sea 동부에 있던 레스보스Lesbos라는 섬의 여인이라
는 뜻인데, 그 섬의 수도였던 미틸레네Mytilene에 거주하던 여성들의
동성애에서 유래했다. 기원전 6세기경 레스보스섬에서 태어나 여성
을 흠모하고 동경하는 서정시를 9권이나 발표했던 그리스의 시인
사포Sappho는 젊은 여성들을 상대로 시를 가르쳤다. 그런데 사포를
포함한 이 여성들 사이에서 동성애가 이루어지면서 lesbian이 오늘
날과 같은 뜻을 갖게 된 것이다. lesbianism을 사피즘sapphism이라고
도 하며, Sapphic love가 여성들 간 동성애를 뜻하는 것도 바로 그
런 역사적 배경 때문이다.

　　　레스보스는 그리스에서 세 번째로 큰 섬인데, 1,632제곱킬로
미터의 면적으로 한국의 제주도(1,848제곱킬로미터)보다 조금 작다.

2008년 레스보스섬의 일부 주민들은 레스보스섬에 대한 모욕이라며 그리스 동성애자들을 상대로 '레즈비언'이라는 용어를 쓰지 말 것을 요구하는 소송을 제기했지만 법정에서 패소하고 말았다. 오늘날 레스보스섬의 경제는 대부분 올리브 오일과 레즈비언 관광에 의존하고 있다.[7]

여성 동성애자 가운데 남성 역을 맡은 이는 butch(버치), 여성 역을 맡은 이는 femme(팜므)라고 한다. LUGLesbian Until Graduation는 '졸업 전까지만 레즈비언'을 한다는 것으로, 일부 여고생이나 여대생들 사이에서 나타나는 현상이다. 이는 여성이 남성에 비해 좀더 쉽게 성적 지향을 바꿀 수 있다는, 즉 성 행동이 남성보다 탄력적이라는 점을 말해주는 증거로 거론된다.[8]

왜 '섹스'와 '섹션'은 같은 어원을 가졌을까?

○
sex

    "태초에 인간은 지금과 같은 모습이 아니고 둘이 한 몸을 이룬 모습이었는데, 이들이 엄청난 힘으로 하늘에 올라와 신들을 공격했다. 신들은 인간을 어떻게 처벌할까 고민하다가 멸망시키기보다는 힘을 약화시키기로 결정했다. 제우스는 인간을 두 조각으로 나눈 뒤 아폴론에게 치료하라고 명령했다. 아폴론은 상처를 치료하면서 배꼽을 만들어 인간의 과거의 잘못을 상기하도록 했다."

    고대 그리스 철학자 플라톤Platon, B.C.427~B.C.347의 『향연』에 소개된 신화 이야기다. 플라톤은 원래 하나였던 몸이 양쪽으로 갈라졌기 때문에 한쪽은 다른 쪽을 그리워하는 것이라고 했다. 그렇게 분리된 생물학적 성性을 가리켜 sex(섹스)라고 하는데, 이는 분할分割을 의미하는 라틴어 sexus에서 나온 말이다. '분할, 절단, 부분, 구분,

구역' 등을 뜻하는 section(섹션)도 같은 어원을 갖고 있다.

sex라는 영어 단어는 14세기에 『성경』을 영어로 번역하면서 처음 사용되었으며, 오늘날처럼 성교sexual intercourse라는 의미로 사용된 것은 20세기부터다. 1929년 데이비드 H. 로렌스David. H. Lawrence, 1885~1930의 소설에 처음 나온 것으로 알려져 있다.[9]

Sex is the last frontier in American life(섹스는 미국적 삶의 마지막 프런티어다). 미국 저널리스트이자 사회학자인 막스 러너Max Lerner, 1902~1992의 말이다.[10]

We know what goes on in a man's mind(남자의 마음속에 무슨 일이 꿈틀대는지 압니다). 포르노 잡지 『섹시 매거진Sexy Magazine』이 여성의 나체 모자이크로 남성의 뇌를 표현한 광고에 붙인 카피다.[11]

Stop Your Urgin' Be a Virgin(흥분하지 말고 순결하라). 1990년대 들어 에이즈 공포가 휩쓸면서 미국의 종교단체들을 '순결 캠페인'을 벌였다. 가장 대표적인 캠페인 단체는 1993년 테네시주 내슈빌에 설립된 '진정한 사랑 기다리기'로 캠페인 슬로건은 "흥분하지 말고 순결하라" 였다.

The only safe sex is no sex(가장 안전한 섹스는 섹스를 하지 않는 것이다). 유명 배우와 운동선수들이 젊은 팬들에게 고귀한 순결의 이미지를 전하기 위해 '진정한 사랑 기다리기'라는 순결 운동 단체에 가입했다. 1991년 양성애자임을 발표한 농구스타 어빈 '매직' 존슨Earvin 'Magic' Johnson, 1959~은 "가장 안전한 섹스는 섹스를 하지 않는 것이다"라고 선언하면서 이 운동에 동참했다. 순결 증명서를 발급하는 단체들도 생겨났으며, 어떤 식으로든 순결 서약을 지킬 수 있

도록 도와주는 단체에 가입한 젊은 독신자들의 수는 10년 후 250만 명에 이르게 된다.[12]

　　이 순결 운동은 1998년부터는 미국 정부의 사회정책으로 추진되었다. 포스터와 텔레비전 광고, 교육 프로그램 등에 10년 동안 10억 달러가 투입되었다. 효과가 있었을까? 2007년 16세 청소년 2,000명을 상대로 이루어진 조사에 따르면, 혼전 순결 교육을 받은 학생의 23퍼센트는 이미 성경험을 한 것으로 나타났다. 이는 전통적인 성교육을 받은 그룹 학생들과 같은 수치다. 또 양쪽 그룹 학생들은 모두 평균 14.9세에 첫 경험을 했으며 이들의 4분의 1가량이 3~4명과 관계를 가졌다는 점에서도 다를 바 없었다.[13]

왜 suck은 매우 위험한
단어인가?

⊙
suck

미국 제16대 대통령 에이브러햄 링컨 Abraham Lincoln, 1809~1865이 남긴 명언 중 지금도 자주 인용되는 것 가운데 이런 게 있다. "모든 사람을 잠시 속일 수도 있고, 일부 사람을 영원히 속일 수도 있지만, 모든 사람을 영원히 속일 수는 없다You may fool all the people some of the time; you can even fool some of the people all the time; but you can't fool all of the people all the time." [14]

영국 출신의 세계적인 광고인 데이비드 오길비David Ogilvy, 1911~1999는 후배 광고인들에게 이런 명언을 남겼다. "소비자는 바보가 아니다. 당신의 배우자다The consumer is no fool, she is your wife." [15]

속임수가 난무할 것 같은 대표적인 분야가 정치와 광고일 텐데, 그 분야의 대가들이 이토록 고상한 말을 했으니 그들이 존경받는 건 당연하다 하겠다. 그러나 이들의 아름다운 말씀은 과연 늘 진

172

실인가? 현장의 프로들은 고개를 갸우뚱할 게 틀림없다.

그 프로들을 대변하듯, '야바위의 왕자'이자 '흥행의 천재'라는 별명을 얻은 미국 '서커스의 제왕' P. T. 바넘P. T. Barnum, 1810~1891은 단언한다. "지금 이 순간에도 속기 위해 태어나는 사람들이 있다There's a sucker born every minute."[16] 또 그는 이런 말도 남겼다. "미국 대중의 취향을 과소평가해서 손해 본 사람은 아무도 없다Nobody ever lost a dollar by underestimating the taste of the American public."[17]

suck은 "빨다", sucker는 "빠는 사람"이란 뜻이다. 빠는 일을 가장 많이 하는 사람이 누구인가? 바로 젖먹이다. 그래서 sucker엔 '젖먹이'라는 뜻과 함께, 비유적으로 '잘 속는 사람'이란 뜻이 있다. sucker list는 "구매자(기증자)가 되어줄 만한 인물들의 리스트"와 더불어 "범죄나 사기의 대상자 명단"이라는 뜻으로도 쓰인다.[18]

time suck(또는 timesuck)은 "엄청나게 많은 시간을 소비하는 활동"을 뜻하는 신조어다. 이전에는 그런 활동을 주로 time sink라고 불렀다.[19] screen sucking(또는 screensucking)은 '텔레비전 · 컴퓨터 화면 중독 현상'을 뜻하는 신조어다. Screen sucking has decreased my productivity at the office(나는 컴퓨터 화면 중독 때문에 업무 생산성이 떨어졌다). He missed his deadline because he spent the afternoon screensucking(그는 오후에 컴퓨터 화면에 코를 처박고 있는 바람에 마감 시간을 놓쳤어).[20]

어느 책에서 "There's a sucker born every minute"를 해석하면서 sucker를 '젖먹이'로 표현한 걸 보고 쓴웃음을 지은 적이 있다. 그런 정도의 오역이야 애교로 봐줄 수 있지만 suck을 단순히 젖먹이의 빠는 행동으로만 여겼다간 큰 실수를 하기 쉽다. suck은

"성기를 입으로 빨다"와 같이 차마 입에 담지 못할 욕설foul language로 자주 쓰이기 때문이다. 자신의 이름에 '석' 자가 들어간 사람은 그 영문 표기를 'suck'으로 하지 않는 게 안전하다. 예컨대, '석미'라는 이름은 'suck me'로 들릴 수 있기 때문이다.

어느 스웨덴 회사는 유명한 진공청소기 제조 회사인 일렉트로룩스Electrolux사를 인수하고 나서 미국 시장을 대상으로 한 새로운 광고를 개발했는데, 그 슬로건이 "Electrolux sucks better"였다. "먼지를 더 잘 빨아들인다는 뜻으로 내건 슬로건이었겠지만, 미국 소비자들이 연상한 건 전혀 다른 것이었다. 의도적인 노이즈 마케팅이었는지는 모르겠지만, 실패 사례로 곧잘 거론된다.[21]

입이 거친 사람들은 suck이라는 단어를 다양하게 활용하기 때문에, 그런 경우 우리말로 '개 같은' 수준의 뜻으로 해석하면 무난하다. 예컨대, "It sucks to be me!"는 "나로 산다는 것은 얼마나 개 같은 일이란 말인가!"라는 뜻으로 볼 수 있겠다. 이와 관련, 임귀열은 다음과 같이 말한다.

"'My life sucks(내 인생은 밥맛이야)'라고 말하면 옆에서 듣는 사람도 불편하다. 이런 말을 사무실에서 한다면 전체 분위기를 해치기 때문에 일부 직장에서는 '이렇게 말해보라'며 대안을 제시한다. 위의 문장을 듣는다면 점잖게 'Yeah, life is tough'라고 맞장구 쳐주라는 것이다. 그런데 점잖고 고상한 말을 들여다보면 역으로 '아, 이런 말 속에는 그런 감정이 숨어 있구나' 하는 것을 느낄 수 있다. 입이 거친 사람이 'This job sucks'라고 말하는 대신 직장에서 권하는 말은 'I love a challenge'다. 후자의 경우 현 상황이 싫지만 그래도 견뎌야 하고 극복해야 하는 것이라고 말할 뿐 불만이 있는 것은 똑같다. 따라서 후자처럼 말하는 것을 직역하여 가볍게 여겨서는 안 된다."[22]

　　suck face는 "키스하다"는 뜻이다. "The movie stars sucked faces in a music video(그 영화배우들은 뮤직비디오에서 키스했다)"는 식으로 쓸 수 있지만, 이 키스는 보통 키스가 아니다. 얼굴에 침이 묻을 정도로 요란스럽게 하는 키스를 말한다. suck up은 "(지식 등을) 잘 흡수하다"는 뜻과 더불어 "아첨하다"는 뜻을 갖고 있다. 그래서 suckup은 '아첨쟁이'라는 뜻이다. 우리말의 속어에도 아첨의 뜻으로 "잘 빨아준다"는 말이 있다. 왜 '빨다'가 '아첨하다'는 뜻을 갖게 되었을까? 점잖지 못한 상상을 할 수도 있겠지만, 영어에선 16세기 초 왕에게 아첨하는 사람들이 왕의 지갑에서 돈을 빨아낸다는 의미로 사용한 게 그 기원이다. Why are you sucking up to me(내게 아부하는 이유가 뭐지)?[23]

'관음증'이란
무엇인가?

○
voyeurism

　　　　　voyeurism은 관음증觀淫症을 말한다. 이는 성적 도착증paraphilia의 하나로, 나체 또는 성행위에 관련된 사람을 관찰하는 것과 이와 관련된 행동과 환상에 사로잡히는 질환이다. 절시증竊視症, scopophilia의 도착적 형태다.

　　　　　영국 페미니스트 영화이론가 로라 멀비Laura Mulvey, 1941~는 1981년 할리우드 영화에서 나타나는 남성적 응시에 관한 연구에서 절시증의 쾌락은 보는 자와 대상이 분리되어 있다는 사실에 기인하며, 이런 쾌락에 덧붙여 영화의 관객이 동일시의 과정을 통해서도 즐거움을 얻는다고 주장했다. 관객도 자기 앞에 벌어지는 광경 속으로 빠져들어 영화 속 한 장면의 일부가 된다는 것이다.[24]

　　　　　관음증의 대상은 비단 성적性的인 것뿐만 아니라 은밀한 사생활의 영역에 속하는 것이면 그 무엇이건 해당되는, 넓은 의미로 쓰이고 있다. 고통 받는 사람들을 출연시켜 은밀한 사생활을 털어놓게 만드는 텔레비전 토크쇼가 비판받는 이유 중의 하나도 바로 관음증이다.

그러나 에바 일루즈Eva Illouz는 『오프라 윈프리, 위대한 인생』(2003)에서 "관음증을 이유로 한 비판은 적극적인 관음증이 여러 문화 영역, 그것도 평론가들이 예컨대 18세기 감상주의 문학에 빗대어 칭찬하는 문화 영역에도 상존하고 있다는 사실을 외면하고 있다"며 다음과 같이 말한다.

"고전 소설에서, 여주인공의 불행과 눈물은 미덕의 상징이었다. 따라서 이런 장르는 고통이 도덕성을 함양시키고 감정적 기운을 되살려주는 기분을 독자에게 안겨주었다. 이런 이유에서, 관음증이 도덕적으로 적절한 반응이라는 뜻은 아니다. 다만 '고급'문화도 고통의 장면과 미학적 즐거움을 결합시키고 있다는 점에서 고급문화에도 관음적 요소가 적지 않다는 점을 지적하려는 것이다. 그러나 대중문화와 달리, 고급문화에서의 관음증은 비난받는 경우가 극히 드물다."[25]

미국 컬럼비아대학 사회학자 던컨 왓스Duncan Watts는 페이스북과 같은 SNS의 성공엔 '노출증exhibitionism'과 '관음증voyeurism'이 큰 역할을 했다고 진단했다. 사람들은 자신을 표현하는 걸 좋아하는 동시에 그만큼 남들에 대한 호기심도 강하다는 것이다.[26]

'주홍글씨' 소설과 영화에서
A 문자는 무슨 뜻일까?

adultery

미국 작가 너새니얼 호손Nathaniel Hawthorne, 1804~1864의 소설인 『The Scarlet Letter』는 국내에서 '주홍글씨'로 번역되었지만, 엄밀히 따지면 '주홍글자'라고 하는 게 옳다.[27] 하지만 이미 너무 오랫동안 '주홍글씨'로 알려졌기에 '주홍글씨'라는 번역을 그대로 쓰기로 하자.

『주홍글씨』(1850)에서 간통을 범한 주인공 헤스터 프린Hester Prynnes은 가슴에 주홍색의 A 문자를 달고 다닌다. A 문자는 무슨 뜻일까? "간음, 간통"이라는 뜻의 영어 단어 adultery를 표시하기 위한 것이었다. adultery는 '부부간 신뢰의 위반'이라는 뜻을 가진 프랑스 고어古語 adultere에서 나온 말이다. 더 거슬러 올라가면 '타락시키다debauch'는 뜻을 가진 라틴어 adulterare가 그 어원이다.

He used to commit adultery behind his wife's back(그

는 아내 모르게 간통을 했다). The husband was caught in the act of adultery by his wife(그 남편은 아내에게 불륜 현장을 들키고 말았다). He was accused of committing adultery(그는 간통을 범한 혐의로 기소되었다). She engaged in adultery because her spouse has a low libido, while hers is very high(남편에 비해 강한 성욕을 가졌기에 그녀는 간통을 저질렀다).[28]

『주홍글씨』라는 소설은 1995년 롤랑 조페Roland Joffe 감독, 데미 무어Demi Moore 주연으로 영화 〈주홍글씨〉로 만들어졌다. 물론 이건 식민지 시절의 미국에 존재했던 실화에 근거한 이야기다. 1636년 뉴플리머스 공동체에선 간통한 사람에게 두 개의 대문자, 즉 AD라고 새겨진 헝겊을 상의 윗부분에 꿰매고 다니게 한 법령을 제정했다. AD는 간통녀adulteress의 약자였다. 호손이 소설 속에서 이를 A자로 바꾼 것일 뿐, 원래는 간통녀에게 AD라는 두 글자를 달고 다니게 했다.[29]

오늘날에도 scarlet woman은 "매춘부, 몸가짐이 좋지 않은 여자"를 뜻한다. 그런데 왜 하필 주홍색을 간통의 상징으로 택한 걸까? 『성경』에서 주홍색을 죄악의 색으로 본 탓이다. 예컨대, 「요한계시록Revelation」 17장 4절엔 이런 말이 나온다. The woman was dressed in purple and scarlet, and was glittering with gold, precious stones and pearls. She held a golden cup in her hand, filled with abominable things and the filth of her adulteries(그 여자는 자주 빛과 붉은 빛 옷을 입고 금과 보석과 진주로 꾸미고 손에 금 잔을 가졌는데 가증한 물건과 그의 음행의 더러운 것들이 가득하더라).[30]

Everyone who looks at a woman lustfully has already committed adultery with her in his heart(음욕을 품고 여자를 보는 자마다 마음에 이미 간음하였느니라). 『성경』(「마태복음」 5장 28절)에서 비롯된 말이다. 독실한 기독교인이었던 미국 제39대 대통령 지미 카터Jimmy Carter, 1924~는 1976년 대선 후보 시절 도색 잡지인 『플레이보이』와의 인터뷰에서 "나는 마음속으로 여러 번의 간통을 저질러왔다"고 고백한 것으로 유명하다.

그런데 왜 독실한 기독교인이 기독교인들의 원성을 사는 도색잡지와 인터뷰를 했을까? 대선 당시 카터의 정치적 약점은 종교적 색채가 너무 강하다는 것이었다. 그래서 카터의 선거 참모들은 의도적으로 『플레이보이』와의 인터뷰를 카터의 강한 종교적 색채를 완화할 수 있는 기회로 이용하고자 했다. 즉, 카터가 대통령이 되더라도 그의 종교관을 정치화하지 않겠다는 것을 간접적으로 알리고자 했던 것이다. 이런 전략이 성공한 것인지, 카터는 대선에서 승리를 거둘 수 있었다.[31]

Thou shalt not commit adultery(간음하지 말라). 구약성서인 「출애굽기」 20장 14절에 나오는, 십계명Ten Commandments 가운데 7번째 계명이다. 영국에선 1631년 『킹 제임스 성경King James Bible 또는 King James Version』을 출간하면서 'not'이라는 단어 하나를 빼먹어 "너희는 간음을 해야 한다"고 해버린 큰 실수가 벌어졌다. 배포된 『성경』 1,000부 중 991부는 회수, 폐기되었으며 오늘날 11권만이 보관용으로 남아 있는데, 이 실수가 저질러진 『성경』엔 '악마의 성경 Wicked Bible', '간음하는 성경Adulterous Bible', '죄인의 성경Sinner's Bible'이란 이름이 붙었다.[32]

180

왜 '앞치마 끈으로부터의 해방'을
전쟁의 축복이라고 하나?

apron strings

be tied to one's mother's(wife's) apron strings는 "어머니(아내)가 하라는 대로 하다"는 뜻이다. 어머니(아내)의 앞치마 끈apron strings에 묶여 있다는 뜻이니, 어머니(아내)가 가는 대로 졸졸 따라다닐 수밖에 없지 않겠는가. 300여 년 전 영국에선 재산권을 포함해 가정에서 여성의 권한이 막강했기 때문에 나온 말이다.

그 유명한 『폭풍의 언덕Wuthering Heights』(1847)을 쓴 영국 소설가 에밀리 브론테Emily Brontë, 1818~1848의 동생인 앤 브론테Anne Brontë, 1820~1949가 쓴 『와일드펠 홀의 소작인The Tenant of Wildfell』(1848)에는 이런 말이 나온다. Even at his age, he ought not to be always tied to his mother's apron-strings(그의 나이를 감안한다 하더라도 그는 늘 어머니가 하라는 대로 끌려 다녀선 안 되는 일이었다).

남자가 어머니에게서 독립할 필요성을 역설하는 관점에선 심지어 이런 말까지 나온다. Perhaps the only blessings from a war is that it enables many young men to become untied from mother's apron strings(전쟁의 유일한 축복이라면, 그건 많은 젊은 남자를 어머니의 품안에서 해방시킨 것이라 할 수 있겠다).[33] 일반적으로 다음과 같은 용법으로 많이 쓰인다. You can't be tied to your mother's apron strings all your life(너는 평생 어머니에 의존해 살 수는 없다). The British prime minister is too apt to cling to Washington's apron strings(영국 수상이 너무 워싱턴에 의존하려는 경향이 있다).[34]

남녀 사이엔 어떤 사각지대가
존재하는가?

◉
blind spot

blind spot은 "(망막의) 맹점盲點(알아채지 못한 점, 사각지대死角地帶, (무선) 불감지역, (공회당이나 경기장 등에서) 잘 보이지 않거나 들리지 않는 장소"를 뜻한다. 맹점은 우리 눈에서 시세포가 없어 물체의 상이 맺히지 않는 부분인데, 이를 비유적 의미로 많이 쓴다. He has a blind spot where minority groups are concerned(그는 소수파가 관심을 보이고 있는 점을 알아채지 못하고 있다).[35]

마케팅 분야에선 어떤 캠페인에 내재된 한계로 인해 메시지를 전달받지 못하는 고객층을 말한다. 예컨대 아이폰에서만 쓸 수 있고 안드로이드폰, 블랙베리, 일반 휴대전화에서는 사용할 수 없는 앱을 통해 어떤 캠페인을 진행할 경우 판매자가 타깃 시장의 일부를 놓칠 수 있다.[36]

『화성에서 온 남자, 금성에서 온 여자』의 저자인 존 그레이 John Gray는 직장에서 남녀가 이성에 대해 제대로 이해하지 못하는 부분을 '사각지대blind spot'라고 표현하면서 그중 하나로 인정recognition에 관한 인식 차이를 지적했다. 그가 실시한 설문 조사에 따르면 남성의 79퍼센트가 일터에서 인정받는다고 느끼는 반면 여성은 48퍼센트만 인정받는다고 느낀다. 이렇게 차이가 나는 원인은 인정에 대한 남녀의 정의가 다른 데도 있다는 것이다.

"남성은 결과에 대해 인정받고 싶어 합니다. 목표를 달성해 그 공로를 인정해주면 기분이 좋아집니다. 하지만 여성은 그냥 목표만 성취했다고 칭찬받길 원하지 않아요. 그보다는 그 목표를 성취할 때까지의 모든 과정을 칭찬받길 원합니다. 목표를 달성하기 위해 피곤했고, 야근을 했고, 그걸 극복했다는 여정을 인정받고 싶어 하는 겁니다." 37

bias blind spot(편향 맹점, 편견 맹점)은 미국 프린스턴대학 사회심리학자 에밀리 프로닌Emily Pronin이 만든 말로, 자신이 편향을 범하고 있는지 자신은 잘 알지 못하는 현상을 가리킨다. 즉 '인지 편향에 대한 인지 편향'이다. 그래서 이 편향을 '메타 편향meta bias'이라고도 한다. 38 이와 관련, 페이스북 최고운영책임자인 셰릴 샌드버그 Sheryl Sandberg, 1969~는 다음과 같이 말한다.

"인정하든 인정하지 않든 나를 포함해 누구에게나 편견은 있다. 자신이 객관적이라고 생각하는 자체가 실제로는 편견을 더욱 악화시킨다. 이런 생각은 사회과학자가 일컫듯 '편견 맹점bias blind spot'을 만들어낸다. 편견 맹점으로 인해 사람들은 스스로 객관적이라고 지나치게 확신하게 되고, 편견을 바로잡지 못한다." 39

185

이성애·동성애·양성애도 아닌
'제4의 성적 지향'을 뭐라고 하나?

●
asexuality

사람의 성적性的 지향성엔 이성애異性愛, heterosexuality, 동성애同性愛, homosexuality, 양성애兩性愛, bisexuality 등 세 가지가 있지만, 이 세상은 '이성애 패권주의'라고 해도 좋을 정도로 이성애자가 지배하고 있다. 그래서 heterosexism(동성애자 차별)이라는 말까지 나왔다. 이성애자가 동성애자에 대해 편견을 갖거나 차별을 하는 것을 가리키는 말이다. 1971년 동성애자 권리 운동가 크레이그 로드웰Craig L. Rodwell, 1940~1993이 처음 쓴 말이다. homo-phobia(동성애혐오증)은 heterosexism의 한 유형이다. We should be struggling against racism and heterosexism(우리는 인종차별과 동성애차별에 대해 싸워야 합니다).[40]

bisexual은 "양성애의, 양성애자" 외에 "(생물) 양성을 가진, 암수 한 몸의"란 뜻도 있다. 오늘날에야 양성애라는 개념이 널리 알려졌지만, 1970년대만 해도 그게 매우 생소했던 것 같다. 그래서 국내 언론은 양성애자인 미국의 반전反戰 여가수 조앤 바에즈Joan C. Baez, 1941~와 영국 가수 톰 존스Tom Jones, 1940~ 관련 외신을 번역하면서 그들을 "남성 성기와 여성 성기 모두를 가진 사람"으로 오역誤譯해 소개하는 어이없는 실수를 저지르기도 했다.[41]

이성애, 동성애, 양성애 어디에도 속하지 않는 '제4의 성적 지향'도 있다. 이를 asexuality(또는 nonsexuality)라고 하는데, 우리말로는 '무성애無性愛'라고 한다. 캐나다 브로크대학 심리학과 교수 앤서니 보개트Anthony F. Bogaert가 『무성애 이해Understanding Asexuality』 (2012)에서 제시한 개념이다.

무성애자는 성적 충동이 없는 사람이다. 특징은 성적 매력을 주거나 느끼지 않고, 성적 자극에 반응하지 않으며, 성적 파트너와 배타적 관계를 유지하지 않는 '3무無 인간'이란 점이다. 보개트는 무성애자의 비율을 인구의 1퍼센트 수준, 전 세계적으로는 7,000만 명이상으로 추산했다.[42]

보개트가 쓴 책의 국내 번역판은 2013년 7월에 출간되었는데,[43] 문학평론가 정여울은 "이 책을 읽으면 이상하게도 마음이 편해진다. 나는 이 책을 읽으며 나 또한 '정상적인 사랑', '대단한 사랑', '멋진 사랑'에 대한 지나친 강박에 시달리고 있다는 것을 거꾸로 깨달았다. 사랑에 대한 수많은 책을 읽고, 음악을 듣고, 미술작품을 감상했지만, 사랑에 대한 글을 쓰거나 강의를 할 때마다 매번 머릿속이 텅 빈 백지장처럼 느껴진다"며 다음과 같이 말한다.

"'위대한 사랑'에 대한 지나친 강박이 우리를 필요 이상으로 피곤하게 하고 있었던 것은 아닐까. 올바른 사랑은 없다. 지나친 사랑이 없듯이. 정상적인 사랑은 없다. 다만 당신과 내가 날마다의 자리에서 스스로 만들어가야 할 '나만의 사랑법'이 있을 뿐이다. 나는 이 책이 사랑 때문에 고통 받는 수많은 사람들에게 '사랑조차 할 수 없는 시간'을 견디는 뜻밖의 용기를 주었으면 한다."[44]

무성애자가 될 필요는 전혀 없지만, 사랑에 너무 목매어 살아가는 사람에겐 무성애적 초연함을 의도적으로 훈련할 필요는 있지 않을까? 아리아나 허핑턴Ariana Huffington은 『담대하라, 나는 자유다』 (2006)에서 "혼자라는 두려움에 지지 마라"며 다음과 같이 말한다.

"가족치료 전문가인 로빈 노우드는 『너무 사랑하는 여자들 Women Who Love Too Much』에서 사랑에 빠지는 것을 마치 고통 속에 살아가는 것과 같다고 생각하는 여성들을 지적했다. 어릴 때에 충분한 사랑을 받지 못한 여성들은 끊임없이 사랑을 갈구하고, 과거에 겪었던 좌절감을 반영하는 기이한 관계에 쉽게 이끌린다. 그래서 어쩔 수 없어 어렵고 상식에 어긋나며 고통스러운 관계를 지속한다."[45]

정치
행정
언론

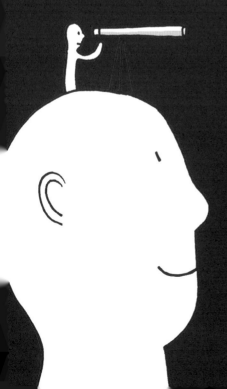

왜 초선 의원을
backbencher라고 하는가?

backbencher

backbencher는 "초선 의원, 서열이 낮은 의원"이란 뜻인데, 이런 의원들이 의회에서 뒷자리에 앉기 때문에 나온 말이다. 영국 하원에서 생긴 말이지만, 미국에서도 쓰인다. 1967년 『U.S. News & World Report』는 다음과 같이 썼다. "Senator John F. Kennedy of Massachusetts was still a 'backbencher' in 1960 when he took the Democratic nomination away from older and more experienced figures in his party(매사추세츠주의 존 F. 케네디 상원의원은 1960년 당내에서 나이도 많고 경력도 오래된 의원들을 제치고 민주당 대통령 후보직을 쟁취했을 때에도 여전히 '서열이 낮은 의원'이었다)."[1]

그러나 한국에선 정반대의 현상이 나타나고 있다. 한국 국회에선 의장석과 연단을 기준으로 중진들은 뒷자리, 초선들은 앞자리에 앉기 때문이다. 이와 관련, 『중앙일보』 기자 김정욱은 "미국 의회는 상원과 하원이 있는 양원제다. 하원 본회의장에는 지정석이 없다. 상원 본회의장은 우리 국회처럼 지정석이 있다. 그러나 의원 배치는 정반대다. 민주당과 공화당 지도부와 중진들이 연단 바로 앞 첫 줄을 차지한다. 민주당의 해리 리드 원내대표와 리처드 더빈 부대표, 공화당의 미치 맥도넬 원내대표와 존 카일 부대표가 미국식 '로열석'의 주인공이다"며 다음과 같이 말한다.

"이뿐 아니다. 2008년 대선에서 오바마 대통령의 경쟁자였던 공화당 거물 존 매케인 상원의원도 첫 줄에 자리가 있다. 2004년 대선 때 대통령 후보였던 민주당 존 케리 의원은 두 번째 줄에 앉는다. 미 상원은 의회 경험이 많은 중진들이 앞자리에서 토론을 주도한다. 법안 설명에도 직접 나선다.……미국의 초선 의원들은 뒷자리에서 선배들의 의정 활동을 보고 배우며 실력을 쌓아 점차 앞자리로 나아간다. 그러나 한국 국회의원들은 앞자리에서 시작해 경험이 쌓일수록 뒷자리로 꼭꼭 숨는다. 미국 의회처럼 자리를 바꿀 수는 없다 쳐도 의정 경험이 많은 중진들이 진지한 토론에 앞장서는 문화는 받아들였으면 싶다."[2]

왜 부정 자금을
'슬러시 펀드'라고 하는가?

○
slush

slush는 "(녹아서) 진창이 된 눈, 질편한
감상, 질편하게 감상적인 이야기(영화), 주스 등의 음료를 마시거나
떠먹을 수 있게 살짝 얼린 것", slush up은 "(길 따위가) 진창이 되다,
진창이 되게 하다", a snowy or slush-filled streets는 "눈이 쌓인
또는 눈 녹은 질퍽한 거리"를 뜻한다. In the city the clean white
snow had turned to grey slush(도시에서는 깨끗하던 흰 눈이 잿빛 진
창으로 변해 있었다). The road has slushed up(길이 진창이 되었다).[3]

그런데 slush엔 '음식물 찌꺼기'란 뜻도 있다. 원래 영국 해
군 함정의 조리장에서 나온 음식물 찌꺼기를 가리키는 말이었다. 그
찌꺼기 중에는 소금에 절인 돼지고기를 요리하는 과정에서 나오는
고기의 지방이 많았는데, 이는 윤활유의 원료로 쓰였다(slush엔 윤활
유라는 뜻도 있다). 병사들은 고기 지방을 따로 모아 돈을 받고 팔아

넘겼는데, 이렇게 해서 모은 돈을 slush fund라고 했다. 정치 분야에서 이 말이 쓰이면서 뇌물과 같은 부정 자금의 뜻을 갖게 되었다.[4]

a slush fund는 "부정 자금, 뇌물(매수) 자금", slush fund creation(raising a slush fund)은 "비자금의 조성"이다. 유명 출판사엔 이름 없는 필자들이 보낸 원고들이 한구석에 쌓여 있기 마련인데, 이를 가리켜 '슬러시 파일slush files'이라고도 한다.[5]

It has become easier for corrupt politicians and businessmen to create slush funds with this high-denominated banknote(부패한 정치인들과 기업인들이 고액권으로 비자금을 조성하는 것이 더 쉬워졌다). He put away a slush fund a couple of years ago(그는 몇 년 전에 비자금을 많이 챙겨두었대). Allegations of bribery and a slush fund creation were not substantiated(뇌물과 비자금 조성에 관한 혐의는 입증되지 않았다).[6]

왜 '노변담화'라는 말이
나오게 되었는가?

fireside chat

fireside chat은 "노변한담爐邊閑談, 노변담화爐邊談話, 따뜻한 난롯가에서 허물없이 나누는 이야기"다. 프랭클린 루스벨트Franklin Delano Roosevelt, 1882~1945 대통령의 라디오를 통한 대對국민 소통 방식으로 유명하다.

대공황으로 인해 은행들의 대규모 파산 위기가 닥친 상황에서 집권한 루스벨트는 대통령 집무 첫날인 1933년 3월 5일 나흘간의 은행 공휴일을 전국에 선포한 뒤 3월 12일 자신의 첫 번째 '노변담화'를 이용해 은행이 돌아가는 원리를 미국 국민들에게 설명하면서 자신을 믿고 은행에 돈을 맡겨달라고 호소했다. 그의 호소가 먹혀들어 은행이 다시 문을 열기 시작해 3월 말 은행의 75퍼센트가 영업을 재개할 수 있었다.[7]

루스벨트의 fireside chats는 1933년 3월 12일부터 1944년

6월 12일까지 총 30회에 걸쳐 이루어졌다. 루스벨트는 이와 같은 형식의 담화를 1929년 뉴욕 주지사 시절에 처음 시작했지만, 보통 fireside chat이라고 하면 그의 대통령 시절에 이루어진 것을 가리킨다. fireside chats에 사용된 단어의 80퍼센트는 가장 많이 사용되는 1,000단어에 속하는 것들이었다.[8]

그 누구도 루스벨트의 라디오 이용을 따라가긴 어려웠다. 일부 평자는 그가 아돌프 히틀러Adolp Hitler, 1889~1945보다 훨씬 더 뛰어났다고 말하지만, 그 방식은 전혀 달랐다. 거실에서 가족이 오순도순 모여 있는 듯한 느낌 속에서 자상한 아버지처럼 다가가는 게 루스벨트의 장기였다.[9]

'노변담화'라는 이름도 바로 그 점을 간파한 CBS의 워싱턴 지국장 해리 부처Harry C. Butcher, 1901~1985가 붙인 것이었다. 루스벨트도 이 작명이 마음에 들었는지 나중엔 스스로 '노변담화'라고 말했다. 노변담화는 15~45분의 길이로 평균 30분 정도였으며, 밤 9시에서 11시 사이에 방송되었다.[10]

미국 대법관을 지낸 올리버 웬들 홈스Oliver Wendell Holmes, 1841~1935는 루스벨트를 가리켜 "지성은 2류지만, 기질은 1류A second-class intellect, but a first-class temperament!"라고 했는데, 루스벨트의 최대 무기는 친근감이었다.[11]

케네스 데이비스Kenneth C. Davis는 "루스벨트의 공헌은 아마 단순히 입법적인 것이라기보다는 심리적인 것에 있을 것이다. 그에게는 잃어버린 확신을 되찾아주고 낙관주의를 회복하고 꺼져버린 듯한 희망을 되살리는 천부적인 재능이 있었다"며 다음과 같이 말한다.

"루스벨트는 부유한 특권층 가정에서 자라났음에도 그런 기질을 천부적으로 지니고 있었다. 국민들은 라디오에서 흘러나오는 그의 '노변담화'를 듣고 루스벨트가 마치 자신들의 응접실이나 거실에 앉아 스스럼없이 말을 건네는 듯한 친밀감을 갖게 되었다. 보수적인 공화파 집안에서는 물론 루스벨트라는 이름을 입 밖에 내지 못하고 '그 사람'이라고 불렀지만 대부분의 미국인들은 실제로 그를 존경했다. 흑인들도 재건기 이래 자신들의 본거지였던 공화당을 버리고 루스벨트가 속한 민주당으로 옮겨가기 시작했다." [12]

뜻을 갖게 되었는가?

canvas

canvas는 "범포帆布, 텐트, 캔버스(유화를 그릴 때 쓰는 천), 유화油畵, 선거운동(을 하다)"을 뜻한다. canvass로 표기하기도 하며, hemp(삼, 대마)의 라틴어인 cannabis에서 나온 말이다. 캔버스는 처음엔 대마大麻로 만들어졌다.

오늘날 표준적인 캔버스는 거친 마포麻布를 사용해 거기에 일종의 아교를 먹이고 다시 그 위에 백악白堊을 린시드유linseed oil, 포피유poppy oil로 녹여서 칠한다. 그 밖에 드물게는 목면의 캔버스도 사용된다. 요즘은 캔버스라는 용어가 거의 유화와 동의어로까지 쓰이고 있으나, 이것이 회화의 밑바탕 재료로 쓰이게 된 것은 중세 말기부터였다. 15세기 초기 북부 이탈리아와 베네치아의 화가들이 캔버스를 사용하기 시작했고, 점차 이러한 경향이 일반화되어 오늘날에 이르렀다. 캔버스는 패션 분야에선 매우 굵은 실로 오밀조밀하고 두껍

He spent the
whole month
canvassing
for
votes

게 짠 직물을 가리키는데, 일반적으로 차양막, 텐트, 수예품, 구두의 겉천 등에 많이 사용된다.

캔버스는 어떻게 만드느냐에 따라 밀가루를 체질하는 데에도 쓰였기 때문에 "체질하다, 조사하다, 점검하다"는 뜻도 갖게 되었다. 이 의미가 선거와 관련해 점점 발전하면서 오늘날엔 "선거운동(을 하다), 유세(하다), 권유(하다), 여론조사"의 뜻으로도 쓰인다.

표기는 어느 것이든 무방하나, 캔버스의 경우엔 canvas, 선거운동의 경우엔 canvass를 많이 사용한다. canvass a district for votes는 "투표를 부탁하러 선거구를 유세하다", canvass for a newspaper는 "신문의 주문을 받으러 다니다", canvass for insurance는 "보험을 권유하다"는 뜻이다.

He spent the whole month canvassing for votes(그는 표를 얻기 위한 유세를 다니느라 한 달을 다 보냈다). They do not canvass, but they deliver leaflets(그들은 선거운동을 하는 것이 아니라 단지 유세 전단지만 전달할 뿐이다). To canvass for an election, you need a lot of money(선거운동을 하기 위해서는 많은 돈이 필요하다).[13]

왜 처음부터 전력을 기울이는
선거 유세를 '플랫아웃'이라고 하나?

flat-out

flat은 "편평한, 납작한, 평탄한"이란 뜻
이다. as flat as a pancake(매우 납작한)는 16세기부터 쓰인 말인데,
그 이전엔 as flat as a flounder(넙치처럼 납작한)가 쓰였다. 속어俗語
로 가슴이 납작한 여성을 가리킬 때에도 쓰인다.[14]

superflat(슈퍼플랫)은 '초평면超平面'을 뜻하는 단어이며, 서양
인 눈으로 볼 때 넙데데한 동양인 얼굴을 연상시키는 단어이기도 하
다. '일본의 앤디 워홀'로 불리는 일본 팝 아티스트 무라카미 다카시
村上隆는 2000년대 이후 이 '슈퍼플랫'이라는 단어를 주요 키워드로
삼아왔다. 납작하게 짓눌린 꽃송이 형태의 플라스틱 작품 '슈퍼플
랫 플라워'가 대표적이다. 무라카미는 "'슈퍼플랫'이란 두께도 깊이
도 없는, 현대 문화의 경박함을 비판하려고 쓰는 말이다. 세계 문화
와 융합되지 않는 전후戰後 일본 문화의 무책임성도 꼬집고 싶었다"

고 설명한다.[15]

flat-out은 "최고 속도의, 전력을 기울인", flat-out lie는 "전적인 거짓말, 새빨간 거짓말"이란 뜻이다. 자동차 경주에서 나온 말이다. 액셀러레이터accelerator를 발이 바닥에 평평하게 닿을 정도로 밟아댄다면, 그것이 최고 속도를 내려는 게 아니고 무엇이겠는가.

미국 선거에서 후보가 오랜 선거 기간 힘의 배분을 어떻게 할 것이냐 하는 전략을 크게 나누면 flat-out과 peaking이 있다. flat-out은 지명도가 비교적 떨어지는 후보가 처음부터 전력을 기울이는 방식이고, peaking은 서서히 나아가다가 나중에 전력을 기울이는 방식이다. 둘 다 일장일단이 있지만, flat-out의 문제는 후보의 체력과 재정이 끝에 이르기 전에 고갈될 수 있다는 점이다. flat out에 "전속력으로 달리다"와 더불어 "점점 엷어지다, 용두사미龍頭蛇尾로 끝나다"는 뜻이 있는 것도 바로 그런 문제를 지적한 것으로 볼 수 있겠다.[16]

미국 정치에서 '애드밴스 맨'이란 무엇인가?

●
advance man

advance는 "나아가게 하다, 앞으로 나아가다, 진전, 진보, 가격 인상, 승진", advance notice는 "사전 통고", advance payment는 "선불先拂", the advance sale은 "(표의) 예매", an advance copy는 "근간, 서적 견본", advance ticket은 "예약표"를 뜻한다. I'd like to buy an advance ticket(예약표를 한 장 사려고 합니다).

make advance는 "(주로 남자가 여자에게) 접근을 시도하다" 는 뜻이다. "Princes don't get fresh. They occasionally make advances"은 영화 〈황태자의 첫사랑〉(1954)에 나오는 대사다. 영화 자막엔 "황태자께선 그런 분이 아니오. 가끔 말을 걸긴 하지만"으로 번역되었지만, 안정효는 "황태자쯤 되면 집적거리는 짓은 하지 않아요. 가끔 접근을 시도하긴 하지만요"가 옳은 번역이라고 말한다.

여기서 fresh는 "어린 나이에 제멋대로 굴다, 별것도 아닌 것이 연애를 걸자고 수작을 부린다"는 의미로 쓰이는 속어俗語다.[17]

advance man은 "(미국 선거에서 후보를 위한) 사전 작업을 하는 요원"이다. 예컨대, 대통령 후보가 다른 지역을 방문할 때 미리 그 지역에서 해두어야 할 일들이 있다. 그 지역의 정치인들은 물론 언론을 포함해 각계의 여론 선도자들을 상대로 사전 정지작업整地作業을 해두어야 하는데, 이때에 그곳에 미리 파견되어 그런 일을 하는 사람을 가리킨다. 원래 서커스단이나 순회 악극단의 사전 흥행 준비 작업을 하는 advance agent를 원용한 말이다. 워터게이트 사건 때엔 조사에 앞서 사건의 은폐를 위한 준비 작업을 가리켜 black advance라는 말이 쓰였다.[18]

'페킹 오더'란
무엇인가?

○
pecking order

peck은 "(부리로) 쪼다", pecking order는 "사회적 서열, 계층(조직)"을 뜻한다. 새, 특히 닭과 같은 가금家禽, domestic fowls, poultry의 경우엔 모이를 쪼는 서열이 정해져 있다는 데에서 나온 비유적 표현이다. 다음과 같은 식으로 쓰인다. After the President was in office several months, his staff developed a pecking order(대통령의 취임 수개월 만에 참모들은 위계질서를 구축했다). Small companies remain at the bottom of the pecking order when it comes to receiving payment from an insolvent company(작은 회사들은 파산한 기업에서 돈을 받을 때 돈을 받는 서열 순위에서 맨 마지막이다).[19]

1920년대에 오랫동안 닭을 정밀하게 관찰한 노르웨이 생물학자 토를레이프 셸데루프 에베Thorleif Schjelderup-Ebbe, 1894~1976는 암

닭을 한 마리 풀어놓으면 제일 높은 자리를 차지하는 닭에서부터 낮은 바닥에 이르는 닭까지 일정한 서열이 정해진다는 사실을 발견했다. 즉, A 닭이 제일 높은 자리를 차지하면, 그다음 닭이 B 자리를, 그리고 그다음은 C 닭이 높은 자리를 차지하는 순으로 차례가 정해진다는 사실을 알아냈다. 이 과정을 그는 '먹이를 먹는 순서pecking order'라고 명명했다.[20]

미국 최고의 "pecking order" 전문가라 할 뉴욕대학New York University 사회학과 교수 달턴 콘리Dalton Conley, 1969~는 2004년에 출간한 『The Pecking Order: A Bold New Look at How Family and Society Determine Who We Become』에서 가족 내 서열이 나중에 사회경제적 성공에 미치는 영향을 탐구했다.[21]

조직 내의 pecking order가 혁신을 어렵게 만든다는 사실이 알려지자, 한동안 여러 기업 사이에 '호칭 파괴'가 유행처럼 번졌다. CJ, SKT, 아모레퍼시픽 등은 수직적 조직문화를 수평적 조직문화로 변화시키겠다며 기존의 호칭을 없애고 이름 뒤에 '님'을 붙이도록 했다. 이에 대해 유정식은 "서열이 없는 동물 사회는 상상하기 어려울 정도로 서열은 동물들에게 스며 있는 본능적 관습이다"며 다음과 같이 말한다.

"미국 기업들은 호칭 대신 이름first name을 부르는 것이 이미 일반화됐지만 위계질서 자체를 절대 포기하지 않는다. 호칭은 누가 높은지 낮은지를 알려주는 편리한 도구이기 때문에, 그걸 없애는 것은 우리의 '서열 지향성 유전자'를 혼란에 빠뜨리는 행동이다. 그래서인지 몇몇 기업은 호칭 파괴를 철회했다고 한다. 서열은 절대 없어지지 않기 때문인 것이다."[22]

'라운드 로빈'이란
무엇인가?

round robin

round robin(라운드 로빈)엔 10여 가지의 각기 다른 뜻이 있어, 무척 헷갈리게 만드는 개념이다. 많이 쓰이는 네 가지 뜻만 살펴보도록 하자.

첫째, 라운드 로빈은 그룹 내에 있는 모든 요소를 합리적인 순서에 입각해 뽑는 방법으로 대개 리스트의 맨 위에서 아래로 가며 하나씩 뽑고, 끝나면 다시 맨 위로 돌아가는 식으로 진행된다. 쉽게 말해 라운드 로빈은 "기회를 차례대로 받기"라고 이해할 수 있겠다.

둘째, 라운드 로빈은 스포츠 경기나 기타의 게임에서 각 팀이 다른 팀과 모두 최소 한 번씩 경기를 치름으로써 전반적인 승패 기록에 따라 마지막에 순위를 결정하는 경기 방식이다.

셋째, 라운드 로빈은 "라운드 로빈 스토리"를 줄인 말로, 한 사람이 이야기를 시작하고 그다음 사람들이 그 뒤를 계속 받아 이야기를 이어나가는 것을 말한다. 저자는 규칙에 따라 추가 기회를 부여하거나, 한 사람이 몇 줄의 글을 쓰도록 할지, 그리고 그 이야기가 어떻게 끝나야 하는지 등을 정할 수도 있다.

넷째, 라운드 로빈은 어떠한 일의 집행을 시행하기에 앞서 결재권자에게 특정한 사안을 승인해줄 것을 요청하는 문서, 즉 품의서稟議書를 말한다. 업무상 진행해야 할 안건에 관해 관계 부서의 의견을 물은 다음 상사에게 제출해 결재를 받게 되는데 이때 품의서를 작성해 일정한 절차를 거쳐 업무를 진행하게 된다.[23]

다소 이해하기 어렵겠지만, 라운드 로빈의 원뜻을 알면 쉽게 풀린다. round robin은 원래 "(서명자의 순서를 감추기 위한) 사발통문沙鉢通文식 청원서(탄원서), 원탁회의"로, 프랑스어 rond rubin이 전와轉訛, corruption된 말이다. rond는 round, rubin은 ribbon으로 "round ribbon(둥근 리본)"이란 뜻이다. 원형 서명 형태가 둥근 리본과 비슷하다고 해서 붙여진 이름이다.[24]

영국 해군에서 비롯된 말이라는 설이 있다. 해군 병사들이 처우 개선 등을 요구하는 청원서에 서명을 하면 첫 번째 서명자는 사형에까지 처해질 수 있었기 때문에 첫 번째 서명자를 알 수 없게끔 나온 방안이라는 것이다. 최초로 1731년에 시작되어 영국 해군의 영웅으로 추앙받는 허레이쇼 넬슨Horatio Nelson, 1758~1805 제독 시절에도 있었던 서명 방식이다.[25]

조선의 사발통문은 원래 보부상들의 고유한 연락 방식으로 사발의 테두리에 먹을 칠해 백지의 한복판에 찍어 동그란 원을 만들고 그 둘레에 통보하는 사람의 이름을 돌려가며 쓴 다음 그 옆에다 전달 사항을 기록하는 것인데, 나중엔 동학혁명 때 쓰인 것처럼 보복

의 위험이 있을 때 서명한 순서를 알지 못하게끔 하려고 사용했다.[26]

오늘날엔 서명 순서와 상관없이 여러 사람이 서명한 청원서나 한두 마디씩 쓴 편지도 round robin이라고 한다. The people in our neighborhood are sending a round robin the Air Force to protest the noise the jet plane makes flying over our houses(우리 동네 사람들은 집 위로 날아가는 제트기의 소음에 항의하는 글을 공군 당국에 보내려고 한다). The class sent a round-robin letter to Bill in the hospital(학급 학우들은 병원에 입원한 빌에게 위로의 말들을 적은 편지를 보냈다).[27]

'인타이틀먼트'는
어떤 식으로 쓰이는가?

entitlement

entitlement(인타이틀먼트)는 그럴 만한 자격과 권리가 있다는 걸 함축하는 단어다. be entitled to는 "~의 권리가 있다, ~할 자격이 있다"는 뜻이다. 그래서 entitlement는 자주 'welfare(복지)'의 완곡어법euphemism으로 쓰이기도 한다.[28]

심리학에선 자신의 권리와 자격을 과대평가하는 것과 관련해 "narcissistic entitlement"라는 말을 쓴다. sense of entitlement는 나르시시즘에 빠진 사람들의 특성으로 여겨진다.[29] entitlement program(인타이틀먼트 프로그램)은 특정 그룹 또는 인구의 일부에게만 혜택이 돌아가게끔 보장하는 정부 정책을 말한다.

His station entitled him to certain courtesies rarely accorded others(그의 지위 때문에 일반에게는 좀처럼 주어지지 않는 어떤 특별한 대우가 그에게 베풀어졌다). A woman is just as entitled to enjoy oneself as a man(여자에게도 남자와 똑같이 즐길 권리가 있다).[30]

2002년 로빈 만셀Robin Mansell은 사람들에게 이른바 '디지털 격차digital divides'를 넘어 정보에 대한 권리를 보장함으로써 그들의 주체성을 강조하는 취지에서 '디지털 권한digital entitlements' 개념을 역설했다.[31] 2012년 미국 대선에선 '복지 수급권welfare entitlement'이 열띤 논쟁의 대상이 되기도 했다.[32]

2012년 6월 25일 데이비드 캐머런David Cameron, 1966~ 영국 총리는 복지정책 개혁안을 발표하면서 국민이 국가에 무엇인가를 계속 요구하는 영국 고유의 '권리의 문화culture of entitlement'를 끝내자고 역설했다. 17개 항목의 개혁안은 복지국가의 근간은 유지하되 혜택을 무조건 제공하지 않고 수혜자들에게 더 까다로운 조건을 요구하는 게 핵심이었는데, 『가디언』 등 영국 언론들은 '온정적 보수주의compassionate conservatism의 종말'이라고 해석했다.[33]

entitlement theory(자격 이론)는 미국 철학자 로버트 노직Robert Nozick, 1938~2002이 존 롤스John Rawls, 1921~2002의 『정의론A Theory of Justice』(1971)에 대한 자유지상주의자의 답으로 쓴 『무정부, 국가 그리고 유토피아Anarchy, State, and Utopia』(1974)에서 제시한 것으로, 부의 불평등한 분배가 부당하지 않은 역사적 과정에서 비롯되었다면 현재의 불평등을 정당하다고 보는 이론이다. 예컨대, 유산(상속)은 그 누구의 권리도 침해하지 않으면서 발생하는 과정이기 때문에 완전히 정당한 행위라는 것이다.[34]

'패뷰러스 저널리즘'이란 무엇인가?

fabulous journalism

fabulous는 '소설 같은, 동화 같은, 믿을 수 없는'이란 뜻이지만, 오늘날엔 "기막히게 좋은(멋진)"이란 뜻으로 널리 쓰이고 있다. 따라서 a fabulous performance는 "기막히게 멋진 공연", a fabulous party는 "멋진 파티"란 뜻이다. fabulous라는 단어가 많이 쓰이다 보니, 아예 줄여서 fabu로 쓰기도 한다. The Thai restaurant on West 27th is seriously fabu. I love everything on their menu(웨스트 27가에 있는 그 태국 음식점은 정말 훌륭해. 나는 그곳 메뉴에 있는 음식을 모두 좋아해).[35]

그런데 fabulous는 fable(우화)에서 나온 말이기 때문에, a fabulous hero라고 하면 "멋진 영웅"이 아니라 "전설상의 영웅"이란 뜻이다. fabulous journalism도 '멋진 저널리즘'이 아니라 '우화 저널리즘'이다. 사실에 기반 하지 않은, 우화적 성격이 강한 저널리즘이란 뜻이다. 이와 관련, 『조선일보』(2012년 3월 21일)에 「미美 '개념 배우(마이크 데이지)'의 거짓 르포… '대의大義'가 변명이 될까?」 라는 흥미로운 기사가 실렸다. 이 기사 내용을 요약하면 이런 이야 기다.

미국에서 사회참여형 1인극 배우로 유명한 마이크 데이지Mike Daisey, 1976~는 2010년 1월부터 애플사를 고발하는 1인극 〈스티브 잡 스의 고뇌와 황홀The Agony and the Ecstasy of Steve Jobs〉로 큰 인기를 누리 다가, 2010년 5~6월 중국 선전深圳의 애플 부품 제조사인 폭스콘을 직접 방문해 공장 노동자 수백 명에게 들었다는 '스토리'를 소개해 많은 미국인에게 충격을 안겼다. 그는 그 '스토리'의 일환으로 2012년 1월 6일 미국 공영 라디오NPR의 최고 인기 프로그램 〈디스 아메리칸 라이프TAL〉를 통해 다음과 같이 말했다.

"공장 입구에 총을 든 경비가 있더군요. 그곳에서 만난 노동 자 중에는 12 · 13 · 14세 아이들도 있었어요. 화학약품에 중독돼 손 을 떠는 노동자, 일을 하다 손이 마비된 사람도 만났어요. 그는 정작 자기가 만든 아이패드iPad 완제품을 본 적이 없다고 했어요. 내가 가 방에서 꺼내 보여주니까 마비된 손으로 스크린을 만졌어요. 그러곤 말했어요. '마술 같다'고…….."

그러나 40일 후인 2월 16일 TAL은 더욱 충격적인 방송을 내 보냈다. 진행자는 "사실 확인 결과 데이지의 말은 대부분 거짓으로 드러나, 지난 1월 그의 방송분을 모두 취소한다"는 내용이었다. 진 행자는 "중국에 상주하는 동료 기자가 데이지의 현지 통역자를 찾 아내 확인해본 결과, 데이지 말 대부분이 허구이거나 다른 데서 본 내용을 뒤섞은 것이었다"며 "본 방송이 고수하는 저널리즘의 평판에 해가 되는 일을 하게 돼 유감"이라고 했다. 폭스콘의 노동 환경이 열악한 것은 사실이지만, 데이지의 말과 주장 상당수는 믿을 수 없다는 게 이 방송의 결론이었다.

그러나 데이지는 이렇게 항변했다. "내 열정을 전달하기 위해 지름길을 택한 것이었다.……먼 나라에서 고통 받는 다른 사람들을 생각해보도록 했기 때문에 떳떳하다." 그는 또 자기 홈페이지에서 "내가 하는 것은 저널리즘이 아니다. 연극의 도구는 저널리즘의 도구와 같지 않다. 내 작업은 사실과 허구를 섞어 스토리를 만드는 것이며, 그것이 청중과 교감connected을 낳는다"고 주장했다. 즉, 언론 보도가 아닌 '이야기storytelling'이므로 언론에 요구하는 엄격한 잣대를 자기에게는 들이대지 말라는 주장이다.

전문가들은 이 사건이 '우화 저널리즘fabulous journalism'의 위험성을 보여준 것이라고 지적했다. 이야기를 제시하는 사람은 "사실과 허구를 혼합하는 스토리텔러"라며 책임을 면하려 하지만, 대중은 "사실을 말한다"고 믿게 된다는 것이다. 『뉴욕타임스』의 찰스 이셔우드Charles Isherwood는 "이번 논란은 다양한 미디어에서 점점 흐려져 가는 엔터테인먼트와 저널리즘의 경계선이 어디인지를 돌아보게 한다"고 논평했다.[36]

제이슨 지노먼Jason Zinoman은 『슬레이트Slate.com』에 기고한 「슬픈 이야기: 마이크 데이지는 저널리즘 윤리뿐만 아니라 자신의 예술도 망쳤다A Sad Story: Mike Daisey didn't just break the rules of journalism. He did a disservice to his own art」는 글에서 사과조차 거부하는 데이지의 뻔뻔한 태도를 사실을 무시하는 걸로 악명惡名을 떨치면서도 지지자들에겐 높은 인기를 누리는 우익 논객 글렌 벡Glenn Beck에 비유했다.[37]

왜 '폭스화'는 '분명한 의견 제시'
라는 뜻을 갖게 되었는가?

foxification

foxification(폭스화)은 '분명한 의견 제시'를 뜻하는 신조어인데, 미국의 24시간 케이블 뉴스 채널 '폭스뉴스Fox News Channel'가 노골적인 친親공화당 노선으로 큰 성공을 거둔 것에서 비롯된 말이다. 저널리즘의 당위로 통용되는 '불편부당不偏不黨'이라는 원칙을 내던지고 보수의 가치에 입각해 세상사를 쾌도난마식으로 풀어주는 것이 폭스뉴스가 인기를 누리는 배경 중의 하나라는 것이다.[38]

점잖은 언론사라면 '불편부당'이라는 평판을 유지하기 위해 들여야 할 비용이 많겠지만, 폭스뉴스는 '타블로이드 텔레비전'이라는 평판에 어울리게 아무렇게나 행동할 수 있었으므로, 이 점이 비용 절감에 크게 기여했다. 기본적인 언론 윤리를 아예 무시해버리니 돈을 버는 데엔 그처럼 편할 수 없었다.[39]

폭스뉴스가 외친 "제한된 시간에 더욱 많은 뉴스를More News in Less Time"이라는 구호도 실은 비용을 적게 들인 뉴스의 얄팍함shallowness에 대한 완곡어법이었다.[40] 특종 보도를 한다거나 독자적인 뉴스를 발굴해내는 것은 비용이 많이 들기 마련인데, 폭스뉴스엔 그런 뉴스가 거의 없었다. 싸게 제작할 수 있는 뉴스가 대부분이었다.[41]

요컨대, 단순성을 기반으로 한 폭스뉴스의 퍼스낼리티 엔터테인먼트는 공격적인 의견 중심으로 시청률을 높이는 데에 유리했을 뿐만 아니라 사실 수집을 위한 스태프 인건비 절감, 즉 제작 원가 절감 효과도 매우 커 폭스뉴스의 재정적 생산성을 높여주었던 것이다.

2002년 CNN의 총비용은 8억 달러였던 반면 폭스뉴스의 총비용은 그 절반도 안 되는 3억 2,500만 달러에 불과했다. 그래서 '기업적 저널리즘corporate journalism'이라는 말까지 낳게 했다. 폭스뉴스는 오늘날 세계적인 미디어 재벌 루퍼트 머독Rupert Murdoch이 소유한 뉴스코프News Corp.의 전 계열사 가운데 수익성이 가장 높은 사업체가 되었으며, 매년 수억 달러의 이익을 남겨 NBC, CBS, ABC 등 지상파 방송사들의 이익을 압도하고 있다.[42] Fox News를 꼬집어 Faux News(짝퉁 뉴스)라 부르기도 한다.[43]

왜 '사운드바이트'의 길이는
갈수록 짧아지는가?

sound bite

        뉴스에 나갈 텔레비전 인터뷰를 한번 이라도 해본 사람은 막상 뉴스로 나온 자신의 모습을 보고 어이없어 할 때가 많다. 카메라 앞에서 말을 몇 분 정도 한 것 같은데 실제로 뉴스로 나가는 분량은 채 10초도 되지 않기 때문이다. 그 10초짜리 영상을 가리켜 sound bite라고 한다.

        sound bite(사운드바이트)는 텔레비전 뉴스에서 정치인, 전문가, 일반 시민 등의 발언을 짧게 따서 내보내는 걸 말한다. soundbite로 붙여 쓰기도 한다. 여기서 bite는 한 번 깨물어 먹는 것, 즉 '한입'이란 뜻이다. '먹을 것'이란 뜻으로도 쓰인다. Let's have a bite(밥을 먹자).

        사운드바이트는 1973년부터 사용된 말이지만, 방송 상업주의가 심화된 1980년대부터 널리 쓰이기 시작했다. 즉, 사운드바이트는 텔레비전 방송사들이 뉴스를 가급적 재미있거나 지루하지 않게 만들려는 상업적 목적에서 도입한 것이다. 정치인들은 시청자들의 기억에 남을 만한 사운드바이트를 만들어내기 위해 이 방면의 전문가들을 고용하기도 한다. 자주 불멸의 사운드바이트로 거론되는 게 바로 로널드 레이건Ronald Reagan, 1911~2004 대통령이 1987년 6월 12일 베를린 장벽 앞에서 행한 연설에서 외친 한마디다. "고르바초프 서기장, 이 장벽을 허물어 버리세요Mr. Gorbachev, tear down this wall!"

텔레비전 방송사들은 뉴스의 흥미성을 더하기 위해 뉴스의 속도감을 높이려고 애를 쓰는데, 그 결과 날이 갈수록 사운드바이트의 길이는 짧아지고 있다. 1965년부터 1995년 사이 미국에서 평균 뉴스 사운드바이트는 42초에서 8초로 줄어들었다.[44] 이와 관련, 1995년 『타임』은 다음과 같이 말했다.

"TV's formula these days is perhaps 100 words from the reporter, and a 'sound bite' of 15 or 20 words from the speaker(요즘엔 기자의 100마디 말에 '사운드바이트'가 15~20마디쯤 되는 게 텔레비전 뉴스의 공식인 것처럼 보인다)."[45]

한국에서도 1987년 제13대 대통령 선거 때 KBS 뉴스에서 후보의 사운드바이트 길이는 평균 45초 정도였으나, 1997년 제15대 대선에서는 11.8초로 줄어들었다. 국회의원 후보들은 1988년 제13대 총선 때는 평균 30초였으나 1996년 제15대 총선에서는 평균 9.45초로 줄어들었다.[46]

제프리 세어Jeffrey Scheuer는 2000년에 출간한 『사운드바이트 사회The Sound Bite Society』에서 사운드바이트는 텔레비전이 모든 종류의 커뮤니케이션에 미치는 영향력이 절대적임을 보여주는 증거이

며, 사운드바이트 문화가 초래하는 짧고 강력한 구호에 의한 소통
방식의 유행은 미국의 정치 담론에 매우 심각한 악영향을 미치고 있
다고 주장했다.[47]

왜 '클릭'을 둘러싼 논란이 뜨거운가?

●
click

click은 "성공(하다), 히트(하다), 제대로 들어맞다"는 뜻이다. click의 우선적인 뜻은 "짤까닥(째깍) 소리(나다)"인데, 왜 이게 성공이나 히트와 연결된 걸까? 기계 등을 작동시킬 때에 이런 소리가 난다는 것은 출발이 순조롭고 잘 돌아가는 것을 뜻하기 때문이다.

If the play clicks, the producer will be rich(그 연극이 히트 치면 흥행주는 부자가 될 것이다). They get along in public, but their personalities don't really click(그들은 남들 앞에서는 사이좋게 하고 있지만 사실은 성격적으로 잘 맞지 않는다). They have clicked all right(그들은 마음이 잘 맞았다).[48]

click은 오늘날엔 컴퓨터 마우스를 누르는 걸 가리키는 뜻으로 많이 쓰이며, 아마존 등의 one-click browser는 클릭 한 번으로

구매가 이루어져 매우 편리하다는 호평과 더불어 충동구매를 유발한다는 지적을 받고 있다.[49]

임귀열은 "미국의 고등학교에서는 'Click-bait, don't bite!(제목 낚시질이니 미끼에 속지 마라)', 'Don't read the teaser(유인하는 내용은 보지도 마라)'라고, 선정적인 내용을 경계하라며 주의를 주기도 한다. 이런 제목 낚시질에 도움을 줘서는 안 된다며 'Do not feed this click-whore'라는 말까지 나온다. 여기서 whore는 본래 매춘부라는 뜻이지만 일상용어로는 '저질 행위, 저질 행위를 하는 사람'을 일컫는다"며 다음과 같이 말한다.

"선정적인 제목으로 유인하는 것bait-whoring이든 남의 관심을 끌어 잇속을 챙기는 것attention-whoring이든 아니면 소비자를 현혹해 결국 자기네 이득을 보는money-whoring 행위든, 모두가 진실truth과 fact를 중시하는 언론과 거리가 먼 저급한 행위crime임에 틀림없다. 그래서 일부에서는 이러한 제목 낚시질 행위자에게 'You are a click bait whore!'라고 대놓고 손가락질을 한다."[50]

2013년 7월 3일 『워싱턴포스트』는 국무부의 내부 감사보고서를 인용해 국무부 국제정보프로그램IIP 담당부서가 2011년부터 2013년 3월까지 페이스북 '좋아요likes' 클릭을 늘리기 위한 캠페인에 63만 달러(약 7억 2,000만 원)를 지출했다고 전했다. 그 결과 국무부 페이스북 홍보용 홈페이지의 '좋아요' 클릭 수는 10만 개에서 200만 개 이상으로 늘었으며, 외국어 페이지의 클릭 수도 크게 늘었다는 것이다. 하지만 감사보고서에 따르면 국무부 페이스북의 전체 '팬fan' 가운데 메시지를 공유하거나 댓글을 다는 등 적극적인 네티즌은 불과 2퍼센트에 불과했다. 보고서는 "국무부 내 직원들조차 이

캠페인에 대해 비판하고 있다"며 "페이스북 팬을 정부가 돈을 주고 산 셈"이라고 지적했다.[51]

　　2013년 8월 2일 영국『가디언』은 빈곤국 방글라데시에서 선진국 기업의 마케팅 수요에 맞춰 페이스북 '좋아요' 클릭 수를 늘려주는 이른바 '클릭 공장'이 번성하고 있다고 보도했다. 스마트폰이 대중화해 사회관계망서비스SNS 사용이 폭발적으로 늘어나자 기업 등이 마케팅·홍보를 위해 페이스북·트위터·유튜브 등에 주목하기 시작했고, 이들이 개도국 클릭 공장에 의뢰해 손쉽게 대중평가·여론을 조작하고 있다는 것이다.

　　특히 페이스북은 가입에 본인 인증 절차가 없어서 얼마든지 '가짜 계정'을 만들 수 있고, 이런 가짜 계정을 통해 특정 게시글에 호감을 표시하는 '좋아요'를 폭발적으로 늘려 주목도를 높일 수 있는데, 방글라데시 다카의 한 클릭 공장에 맡겨 페이스북 '좋아요'를 1,000개 클릭하는 데 드는 비용은 단지 15달러(약 1만 7,000원)에 불과하다나. 페이스북의 '좋아요'뿐 아니라 유튜브 비디오의 조회수나 트위터의 팔로어 숫자도 마찬가지로 클릭 공장에서 값싸게 생산될 수 있어, 사회관계망서비스가 퍼뜨리는 정보의 신뢰도가 크게 위협받게 되었다.[52]

'트롤'이란
무엇인가?

troll

The relative anonymity of the Internet makes trolling and online abuse difficult to stop(인터넷의 상대적 익명성이 유해물을 올리는 것과 온라인상의 남용을 막기 어렵게 만든다). Critics say any law aimed at curbing trolling "runs the risk of casting a net so wide that it snares non-trolling behavior" as well(비평가들은 트롤링을 제한하는 법은 "그물을 너무 넓게 던져 트롤링을 하지 않는 행위들도 덫에 걸려들게 할 위험이 있다"고 말한다). How many more people have to die before the government and law officials start taking trolling seriously(정부와 사법기관들이 유해물을 올리는 것을 심각하게 받아들이기 전까지 얼마나 많은 사람이 죽어야 하는가)?[53]

이와 같은 식으로 쓰이는 troll(트롤)은 원래 견지낚시 또는 스

224

칸디나비아반도 신화에 나오는 심술쟁이 거인과 같은 전설 속 캐릭터를 지칭하는데, 비유적으로 인터넷 토론방 등에서 다른 사람의 화를 부추기는 것과 같은 공격적이고 반사회적인 행동, 그런 메시지, 또는 그런 행위를 하는 사람을 뜻한다. 컴퓨터 과학자 재론 래니어Jaron Lanier는 『디지털 휴머니즘: 디지털 시대의 인간회복 선언』(2010)에서 다음과 같이 말한다.

"'트롤'은 온라인 환경에서 폭력적이고 독설적인 익명의 이용자를 가리키는 용어다. 우리 중에서 트롤 인구는 극소수에 불과하다고 믿고 싶을 것이다. 하지만 실상은, 매우 많은 사람이 온라인상의 저질스런 댓글 싸움에 휘말려든 경험이 있다. 그런 경험을 한 이들은 모두 자기 내면의 트롤을 만난 것이다. 나도 내 안에 숨은 트롤을 자극하는 법을 배우려 노력한 적이 있다. 온라인 논쟁에서 다른 누군가가 맹공을 받거나 모욕을 당하는 것을 볼 때면 돌연 안심이 되는 내 모습을 감지한 적이 있다. 적어도 그 순간만은 내가 표적이 아니어서 안전하다는 느낌이 들었기 때문이다."[54]

건국대학교 언론홍보대학원 교수 황용석은 "트롤에 딱 맞는 우리말은 없다. 종종 '낚시질'로 번역되곤 하지만 적합한 번역은 아니다. 비방과도 다른 의미다. 일본에서는 '아라시'가 같은 의미로 쓰인다. 중국에서는 백목, 즉 검은 눈동자가 없는 눈이라는 용어가 사용된다. 말 그대로 무엇이 보이지 않는 것처럼, 가리지 않고 공격하는 행동을 말한다. 트롤은 특정인 또는 집단에게 폭언과 비속어를 사용해 불쾌감을 조성하고, 선동적 언사를 하며, 낚시성 게시물을 통해 주제를 변형시키고, 집단 공격 성향을 보이는 것을 포함하는 용어다"며 다음과 같이 말한다.

"흥미롭게도 한·미·일의 대표적 트롤링 사이트는 모두 이미지 게시판 사이트다. 대표적인 게 일본의 '2ch'로 1999년 니시무라 히로유키가 개설했다. '2ch'는 각종 범죄 사건에 연루돼 2003년 이후 이용자의 아이피IP 주소를 공개하지만 기본적으로 익명성이 보장된다. 주된 이용자층은 10~30대 젊은 남성이며, 일본 민족주의-극우 성향이 주류를 이룬다.……미국에는 '4chan'이 있다. 2003년에 당시 15살인 크리스토퍼 폴이 일본 애니메이션에 관심을 갖다가 '2ch'를 보고 유사한 이미지 게시판을 만들었다. '4chan'은 미국에서 10~20대 남성의 인터넷 하류 문화를 상징한다. 『뉴욕타임스』는 이 사이트가 '트롤성 유머와 괴담의 온라인 집약판'이라고 비판하기도 했다. 또 '4chan'이 단순한 게시판 활동을 넘어 디도스 같은 인터넷 공격, 범죄 예고, 아동 포르노 유통 등으로 반사회적 행동을 일삼는다고 비판했다. 『워싱턴포스트』도 '4chan 이용자들이 대중을 혼란에 빠트릴 권력을 손에 쥐었다'는 기획 기사를 내보냈다."[55]

patent troll은 '특허소송꾼'이다. 오늘날 미국에서 특허를 가장 많이 가져가는 것은 바로 이들인데, 이들은 특허 침해 소송으로 돈을 벌기 위한 목적으로 출원된 상태로 아직 확정되지 않은 특허를 사들인다. 예컨대, 블랙베리를 제조하는 캐나다의 리서치인모션은 NTP라는 작은 회사에 6억 달러를 지불해야 했는데, NTP는 제품을 만들기 위해서가 아니라 소송으로 돈을 벌려는 목적으로 문제의 특허를 손에 넣었다.[56]

기업경영
과
자기계발

왜 벤치마킹이 기업 발전을
저해하는가?

benchmarking

Bloomberg's ambitious proposal could become a cornerstone and a benchmark for other cities dealing with climate change(블룸버그의 야심적인 제안은 기후 변화를 다루고 있는 다른 도시들에 초석과 기준이 될 수도 있다). Choose a city that Seoul could benchmark or follow and explain your reasons(서울시가 벤치마킹할 만한 도시를 고르고 그 이유를 설명해보세요). This is a far cry from Hyundai's benchmarking model, Toyota Motor of Japan(이것은 현대가 본받으려고 하는 모델인 일본의 도요타자동차와는 현저한 차이가 있다).[1]

이와 같은 식으로 쓰이는 benchmarking(벤치마킹)은 어느 특정 분야에서 우수한 상대를 표적으로 삼아 자기 기업과의 성과 차이를 비교하고, 이를 극복하기 위해 그들의 뛰어난 운영 과정을 배우면서 부단히 자기 혁신을 추구하는 경영 기법이다. 벤치마킹은 원래 토목 분야에서 사용하던 말이었다. 강물 등의 높낮이를 측정하기 위해 암석이나 높은 벽에다 강물의 높낮이를 표시하는 등의 방식으로 설치된 기준점을 벤치마크라고 했는데, 그런 기준점을 설치하기 위한 지지대를 bench라고 했기에 생긴 이름이다. 벤치마크를 세우거나 활용하는 일을 벤치마킹이라고 불렀으며, 나중에 컴퓨터 분야에서 각 분야의 성능을 비교하는 용어로 사용되다가 기업 경영에 도입되었다.

1982년 미국의 제록스가 일본의 캐논에 뒤처지게 되자 자사의 직원을 일본으로 직접 보내 캐논의 경영 기법을 조사·분석해 활용하면서 벤치마킹이 경영 분야에서 최초로 선을 보였다. 이후 1989년 로버트 캠프Robert Camp가 『벤치마킹』이란 책에서 동종이 아닌 다른 분야의 업계에서도 벤치마킹을 응용할 수 있다는 것을 보여준 이래로 벤치마킹은 전 분야로 확산되었다. 이처럼 벤치마킹은 남의 장점을 비판적으로 수용함으로써 나의 발전을 도모하고자 하는 경영기법으로 생겨났지만, 오늘날엔 타사의 것을 무분별하게 모방하기 위한 도구로 잘못 쓰이고 있다는 비판의 목소리가 높다.[2]

유정식은 "리더들이 벤치마킹을 선호하는 이유는 사업영역이 비슷한 타사가 먼저 경험한 것을 참고하면 위험을 상당 부분 줄일 수 있다는 믿음 때문이다. 하지만 참고하는 수준을 넘어 의사결정의 중요한 판단기준으로 벤치마킹을 실시한다면 곤란하다"고 말한다. 그는 기업들이 벤치마킹을 버리지 못하는 근본적인 이유 중의 하나로 '평균에서 벗어나지 않으려는 욕구'를 지적한다.

"평균이라는 '전형성'에서 벗어나면 기업 내부에서 가차 없는 보복이 가해질 확률이 높기 때문이다. 새로운 아이디어를 발표하는 자리에서 '다른 회사는 어떤가?'라는 질문을 받는 상황을 상상해보라. 타사의 전례가 없다고 대답한다면 '무슨 근거로 그런 말을 하냐?'는 비난이 득달같이 쏟아진다.……벤치마킹에의 집착은 이처럼 전형성 상실에 대한 두려움, 즉 대세를 따르려는 '순응주의'가 인간 심리의 밑바닥을 형성하고 있는 것에서 비롯된 결과라 할 수 있다."[3]

장세진은 "다른 기업을 벤치마킹해서 경쟁력을 강화하고 싶은 경우라면 어느 날 혜성처럼 나타나 모든 사람의 시선을 끄는 스타 기업보다는 업계에서 오랫동안 꾸준히 수위를 지키는 기업을 배우는 게 더 유용할 수 있다"고 말한다. "벤치마킹의 효과를 보기 위해서는 꾸준한 성공을 가져다주는 요인을 찾아야 할 것이다. 갑자기 부상한 스타 기업을 벤치마킹하는 것은 단순히 유행을 따라가는 것과 다를 바 없다."[4]

왜 기업의 '자기 시장 잠식'을
'카니벌라이제이션'이라고 하나?

○
cannibalization

cannibal(식인종)의 역사는 크리스토퍼 콜럼버스Christopher Columbus, 1451~1506 시대로 거슬러 올라간다. 콜럼버스가 1493년 제2차 신대륙 항해 시 서인도제도 동쪽의 군도群島인 소앤틸리스 제도Lesser Antilles에 도착했을 때 그곳 사람들은 자신들을 Canibalis라고 했다. 오늘날의 카리브해Caribbean Sea라는 이름이 유래된 Caribs족 사람들이란 뜻이었다. 그런데 사실인지 아닌지는 알 수 없으나 이들 중 일부는 식인食人 풍습을 갖고 있는 것으로 알려져, 식인종을 가리켜 cannibal이라 부르게 된 것이다. 이 단어는 1719년 영국 작가 대니얼 디포Daniel Defoe, 1660~1731의 『로빈슨 크루소Robinson Crusoe』로 인해 널리 쓰이게 되었다.[5]

cannibal은 사람에게 적용되면 '인육을 먹는, 사람을 잡아먹는'이란 뜻이지만, 동물에 적용될 때는 '동종同種을 잡아먹는'이란 의미가 된다. 이를 간과해서 나온 오역誤譯이 바로 '식인食人 오징어'다. cannibal squid는 '오징어를 잡아먹는 오징어'나 '동종 포식 오징어'로 번역하는 것이 옳지만, '식인 오징어'로 오역한 것이다. 이런 오역 때문에 실제로 '식인 오징어'가 있다고 믿는 사람이 적잖이 있다.[6]

cannibalism(카니발리즘)은 "사람 고기를 먹는 풍습, 동족끼리 서로 잡아먹음, 잔인, 만행"이며, 비유적 의미로 "(대기업에 의한) 중소기업의 흡수 합병, 제품의 부품을 떼어 별도(전환) 이용함, 기업의 종업원(자산)을 빼돌려서(전환) 이용함"이란 뜻이다.

cannibalization(카니벌라이제이션)은 "동족 식인"이며, 비유적으로 "자기 시장 잠식, (폐부품을 이용한) 수리 , 조립"을 뜻한다. 자기 시장 잠식은 일명 '제 살 깎아 먹기'로, 한 기업에서 새로 출시하는 상품으로 인해 그 기업에서 기존에 판매하던 다른 상품의 판매량이나 수익, 시장점유율이 감소하는 현상을 가리킨다. 이에 대해 김민영은 다음과 같이 말한다.

"휴대폰, 프린터, 카메라 시장에서 흔히 볼 수 있는 경우이다. 기존 제품이 제품 수명주기에서 성장기를 넘어서게 되면 신제품을 고가의 전략으로 출시하고 신제품이 경쟁사와 경쟁을 벌이면서 가격이 낮아지게 될 무렵이면 다시 신제품을 출시하여 주력제품으로 포지셔닝하는 식이다. 이런 식으로 일종의 자기잠식cannibalization을 어느 정도 감내하면서 출시되는 신제품들은 규모의 경제로 인하여 평균비용곡선이 낮기 때문에 낮은 가격으로 출시하여도 이윤을 계속 볼 수 있다는 순환 구조적인 이점도 있기 때문에 우리는 시리즈로 표현되는 신제품들을 흔히 볼 수 있는 것이다."[7]

이처럼 기존 시장이 잠식될 것을 알면서도 경쟁자보다 먼저 시장을 선점하기 위해 자기잠식을 감수하는 전략을 '선점적 자기잠식preemptive cannibalization'이라고 한다.[8]

인재 영입을 위한 기업 인수를
뭐라고 하나?

●
acqui·hire

이젠 우리에게도 매우 익숙해진 이름인 Silicon Valley(실리콘밸리)는 미국 캘리포니아주 샌프란시스코 반도 초입에 있는 샌타클래라Santa Clara 일대의 첨단기술 연구 단지를 말한다. 실리콘밸리가 세계의 IT(정보기술) 관련 첨단기술을 이끌고 있기 때문에 세계 각국에서 '실리콘밸리 배우기 열풍'이 불고 있는 건 당연한 일이라 하겠다.

실리콘밸리의 성공 비결은 무엇일까? 세계적인 경영 석학 게리 하멜Gary Hamel은 『하버드비즈니스리뷰Harvard Business Review』 1999년 9~10월호에 쓴 「실리콘밸리를 배우기Bringing Silicon Valley Inside Your Company」라는 논문에서 실리콘밸리의 성공은 아이디어 시장, 자본시장, 재능 시장 등 세 가지 시장을 갖추고 있었기 때문이라고 말했다. 우수한 아이디어를 가진 사람들에게 자금을 빌려줄 벤처캐피탈 회사가 실리콘밸리에 즐비했기 때문에, 소프트웨어 프로그램을 개발해 아이디어를 실행시킬 재능 있는 사람들을 실리콘밸리로 적극 유인할 수 있었다는 것이다.[9]

셋 중에서 가장 중요한 건 인재다. 실리콘밸리에선 큰 기업들이 작은 신생 기업에 탐이 나는 인재들이 있으면 그들을 영입하기 위해 그 회사를 통째로 사들이는 관행이 유행인데, 이를 가리켜 acqui-hire라고 한다. acqui-hire(인재영입용 인수합병)는 인수acquisition와 고용hire의 합성어로, 인재 확보만을 목적으로 한 기업 인수를 뜻한다. 인수 뒤 기존 사업이 없어지는 경우도 많으며, 서비스를 시작하지도 않은 신생 벤처기업까지 인수 대상에 오르기도 한다. 페이스북Facebook, 트위터Twitter, 야후Yahoo! 등이 인재영입용 인수합병을 하는 대표적 기업이다.[10]

설립한 지 오래되지 않은 신생 벤처기업을 스타트업start-up이라고 한다. 실리콘밸리에서 생겨난 이 용어는 대규모 자금을 조달하기 이전 단계라는 점에서 벤처와 차이가 있다. 실패로 인해 문을 닫게 될 위기에 처한 스타트업들이 간절히 바라는 게 바로 acqui-hire다. 아예 처음부터 acqui-hire를 당하는 걸 기대하면서 창업을 하는 스타트업도 있다.

2013년 7월 미국의 한 IT 벤처기업 창업자가 "나의 스타트업은 이제 살날이 30일 남았다"는 제목의 블로그를 만들어 고통스러운 심정을 토로해 화제가 되었다. 그는 "직원들에게 월급을 줘야 하는데 내 통장엔 돈이 한 푼도 남아 있지 않다"며 "정말 무섭다"고 고백했다. 그는 "다른 곳에서 우리 회사를 '인재 영입용 인수acqui-hire'해주는 게 나의 마지막 소망"이라고 덧붙였다. 이에 대해 『CNN머니』는 "'실패가 명예로운 훈장'이란 말은 실리콘밸리에서 성공한 사람들에게나 통하는 말"이라며 "창업의 어두운 면에 대해 솔직하게 이야기하는 이 블로그가 미국 IT 업계에서 잔잔한 반향을 일으키고 있다"고 전했다.[11]

한국은 인재영입용 인수합병이 거의 일어나지 않는데, 그 이유는 무엇일까? 국내 벤처의 대부代父격인 이민화 KAIST 교수는 "페이스북이 직원이 고작 12명인 인스타그램Instagram이란 회사를 12억 달러에 인수했는데, 한국이라면 절대 있을 수 없는 일"이라며 "한국이라면 12명의 직원 모두에게 각각 100만 달러씩 주고 사람만 빼왔을 것"이라고 말했다.[12] 대기업의 그런 의식과 행태가 달라지지 않으면 한국에서 실리콘밸리형 혁신은 기대하기 어렵겠다는 생각이 든다.

실리콘밸리에서 즐겨 쓰는
'스케일'은 무슨 뜻인가?

scalability

scale은 눈금, 저울눈, 척도, 비율, 규모, 등급, 음계音階 등 다양한 뜻을 갖고 있는 단어다. tip(tilt, turn) the scales은 "무게가 나가다, 저울의 한쪽을 무겁게 하다, 국면을 일변시키다, 결정적이 되게 하다"는 뜻이다. He tips the scales at 60kg(그는 체중이 60킬로그램 나간다). John's vote tipped the scales in our favor, and we won the election(존의 표가 우리에게 유리한 쪽으로 결정적인 영향을 미쳐 우리는 선거에서 이겼다).

"The scales were turned in favor of~"는 "사태가 바뀌어 ~이 유리해졌다"는 뜻이다. 그리스 철학자 아리스토텔레스Aristoteles, B.C.384~B.C.322는 『정치학Politics』에 이렇게 썼다. The addition of the middle class turns the scale and prevents either of the extremes from being dominant(중산층의 가세는 세력 균형에 영향을

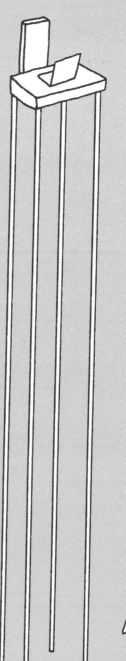

The addition of the
middle class turns the scale and
prevents either of the
extremes from being dominant

미쳐 어느 한쪽의 극단이 지배적인 위치를 점하는 걸 막아준다.)[13]

　미국 실리콘밸리에선 어떤 제품 또는 서비스가 경제적으로 가능성이 있는지 없는지 질문할 때 '스케일'이라는 말을 즐겨 쓴다. "좋은 아이디어지만, 스케일하지 않아"라는 식으로 쓰는데, 이는 '규모의 경제economies of scale'라는 개념에서 유래되었다. 즉, 상품 생산량이 증가할수록 상품 생산의 효율성이 증가한다는 생각이다. 따라서 한 상품의 평균 생산비용은 생산되는 상품이 추가될 때마다 감소한다. 추가 생산된 각 상품이 고정비용을 공유하기 때문이다.[14]

　스케일한가 하지 않은가를 말해주는 개념이 바로 'scalability (확장성)'이다. 확장성은 하드웨어나 소프트웨어 시스템, 또는 비즈니스의 확장 능력을 가리킨다. 특히 인터넷 비즈니스에서 이 단어는 매우 중요한 의미를 띠는데, 인터넷은 수요가 급증하거나 아예 수요 자체가 변하기 쉬운 환경이기 때문이다. 확장성이 뛰어나야 인터넷 비즈니스에서 성공 가능성도 더 높아진다. 인터넷은 확장성을 비즈니스의 선택 사항에서 필수 조건으로 바꿔 놓았다. 어느 경우든 '규모를 확대한다scaling up'는 것은 특정한 분야의 소비자들에게 모든 서비스를 제공하거나 모든 이에게 특정한 서비스를 제공하는 주체가 된다는 뜻이다.[15]

왜 자기계발서들은 한결같이
'컴포트존'에서 벗어나라고 하는가?

comfort zone

comfort zone(컴포트존)은 인체에 가장 쾌적하게 느껴지는 온도·습도·풍속에 의해 정해지는 어떤 일정한 범위를 말한다. 쾌감대快感帶, 쾌적대快適帶, 안락지대 등으로 번역해 쓰기도 한다. comfort zone은 직역하면 "편안함을 느끼는 구역"인데, 비유적으로 "(일을) 적당히 함(요령을 피움)"이란 뜻으로 쓰일 수도 있다.[16]

우리는 컴포트존에만 머무르려는 성향이 강하다. 왜 그럴까? 세스 고딘Seth Godin은 『이카루스 이야기: 생각을 깨우는 변화의 힘』(2012)에서 이렇게 말한다. "안락지대 안에 머물 때 당신은 기분이 느긋해지고 긴장감 없이 일하거나 생활할 수 있으며, 그 안에서는 실패의 두려움도 크지 않다. 오랜 시간에 걸쳐 자신에게 익숙해진 영역이어서 습관적으로 행동하면 되기 때문이다."[17]

Move out of your comfort zone. You can only grow if you are willing to feel awkward and uncomfortable when you try something new(편안하게 일을 대충 하는 것에서 벗어나야 한다. 무언가 새로운 일을 시도하면서 어색하고 불편한 것을 느끼고자 할 때에 비로소 성장할 수 있다). 캐나다 출신으로 미국에서 활동하는 자기계발 작가 브라이언 트레이시Brian Tracy, 1944~의 말이다.

그 밖에도 수많은 자기계발 전문가들이 독자들에게 컴포트존에서 벗어날 것을 권하고 있다. "컴포트존을 부숴버리자Smashing Out of the Comfort"라거나 "컴포트존을 산산조각 내버리자" 등과 같은 극단적인 슬로건마저 나오고 있다. 이와 관련, 영국 저널리스트 올리버 버크먼Oliver Burkeman은 『행복중독자: 사람들은 왜 돈, 성공, 관계에 목숨을 거는가』(2011)에서 다음과 같은 반론을 편다.

"그러나 이런 주장을 펴는 저자들이 간과하는 사실이 하나 있다. 우리가 어떤 행동을 꺼릴 때는 두렵기 때문일 수도 있지만, 그 행동이 어리석고 무모해 보이기 때문일 수도 있다는 사실이다. 갑자기 포르투갈로 이민 가자는 제안을 받아 거절했다면, 두려웠기 때문이었겠는가, 무모해 보였기 때문이었겠는가?"[18]

왜 '트림태브'가 중요하다고 말하는가?

○
trim tab

          trim tab(트림태브, 보조 키)는 비행기의 비행 고도 안정을 위해 승강타 · 보조날개 · 방향타의 뒤끝에 붙인 작은 날개로, 방향을 잡는 큰 방향타를 돌리는 작은 방향타를 말한다. trim은 '균형', tab는 '작은 날개'라는 뜻이다. 선박에도 트림태브가 있다. 비유적으로, 보잘것없는 것처럼 보이지만, 실은 매우 중요한 의미를 갖는 것을 가리키는 말로 쓰인다.[19]

          미국의 시스템 이론가 버크민스터 풀러Buckminster Fuller, 1895~1983는 "지구는 우주선이다spaceship earth"는 말과 더불어 자신의 묘비에 "그저 트림태브에 불과한 한 사람 여기 잠들다"는 말을 새겨 넣게 한 것으로 유명하다. 이와 관련, 미국의 성공학 전도사 스티븐 코비Stephen R. Covey, 1932~2012는 다음과 같이 말한다.

          "기업, 정부, 학교, 가족, 비영리단체 등 모든 조직에는 어떤

위치에 있건 자신의 영향력을 확대하는 트림태브가 있다. 그들은 자신과 팀이나 부서를 변화시켜 전체 조직에 긍정적인 영향을 미친다. 트림 탭 리더는 자신의 영향력의 원 안에서 주도성을 불휘한다."[20]

트림태브 정신과 관련, 경영 컨설턴트 톰 피터스Tom Peters는 1999년에 출간한 『프로젝트 50The Project 50』에서 "믿을 수 없겠지만, 승자들은 중요하지 않은 일들을 좋아한다. 왜냐면 그런 종류의 일들은 활동의 공간이 넓기 때문이다. 아무도 관심을 갖지 않고, 지켜보지 않는다. 자기 혼자 행동한다. 자신이 왕이다. 손을 더럽힐 수도 있고, 실수할 수도 있고, 모험을 할 수도 있고, 기적을 만들 수도 있다"며 다음과 같이 말한다.

"임파워empower되지 않은 사람들의 가장 큰 불평은 흥미 있는 무엇을 할 공간이 없다는 것이다. 그러한 불평에 대해 나는 항상 이렇게 대답한다. '바보 같은 소리 하지 마시오.' 아무도 원하지 않은 사소한 업무나 허드렛일을 해보라. 그런 일을 찾아라. 서류 양식을 바꾸는 일이든 주말 고객 수련 계획을 세우는 일이든 자기임파워먼트self-empowerment의 맛을 느껴 보도록 하라. 그다음에는 더 크고 중요한 일로 전환시킬 수 있을 것이다."[21]

'경쟁'의 의미는 어떻게 변질되었는가?

competition

I've always liked the competition more than the tennis(나는 늘 테니스보다는 경쟁을 좋아했다). 세계 테니스계의 스타인 스페인의 라파엘 나달Rafael Nadal, 1986~이 『타임』 (2009년 1월 19일자) 인터뷰에서 한 말이다.

competition이란 무엇인가? 나달이 어떤 의미로 competition 이란 말을 썼는지는 모르겠지만, competition의 원래 의미는 오늘 날의 용법과는 좀 달랐다. 라틴어 어원으로 보자면, competition은 com(함께)과 petere(찾다, 추구하다)의 합성어다. 즉, 함께 노력하거 나 추구한다는 뜻이다.[22] 이와 관련, 작가이자 미래학자이며 게임 디 자이너인 제인 맥고니걸Jane McGonigal은 『누구나 게임을 한다: 그동안 우리가 몰랐던 게임에 대한 심층적 고찰』(2011)에서 다음과 같이 말 한다.

'다른 사람과 '맞서' 싸우려면 그 사람과 '함께' 똑같은 목표를 놓고 분투하고, 서로 더 잘하도록 압박하며, 경쟁이 끝날 때까지 전력을 다해야 한다. 경쟁심 강한 온라인 게이머들이 가상 세계에서 얻어맞고 깨지더라도 끝날 때는 '수고'라는 말로 서로 감사를 표하는 이유가 거기에 있다. 승패와 상관없이 '게임에 참여한 모든 사람이 온 힘을 다해 정당하게 싸우는 것으로 협력했음을 자축하는 말이다."[23]

고려대학교 경영학부 교수 강수돌은 『팔꿈치 사회: 경쟁은 어떻게 내면화되는가』(2013)에서 "독일 말에 '팔꿈치 사회Ellenbogen-gesellschaft'라는 말이 있다. 1982년에 독일에서 '올해의 단어'로 뽑히기도 했다. 한마디로 옆 사람을 팔꿈치로 치며 앞만 보고 달려야 하는 치열한 경쟁사회를 일컫는다. 자본주의 경쟁사회를 이렇게 실감나게 표현할 수 있을까?'라면서 다음과 같이 말한다.

"원래 경쟁competition이란 말의 어원을 보면, 이 말은 라틴어로 '함께 추구하는 것'이란 뜻이 있다. 뭔가 바람직하거나 공통적인 것을 위해 더불어 가는 것이다. 만약 오늘날도 우리가 이런 의미로 경쟁이란 말을 쓴다면 단연코 경쟁은 좋은 것이다. 바람직한 것을 함께 추구하는데 그 누가 나쁘다고 하겠는가? 그러나 오늘날 문제시되는 경쟁은 생존경쟁이다. 다른 말로, '너 죽고 나 살자' 식의 적대적 경쟁이다."[24]

큰 걸 얻기 위해 작은 걸 희생하는
전략을 뭐라고 하나?

gambit

gambit은 "(장기·바둑의) 초판 수"인데, 비유적으로 "(대화 등의 초반에 우세를 확보하기 위한) 수나 전략"을 뜻한다. 졸후과 같은 작은 것을 희생해 더 큰 이익을 얻는 전략으로 이해하면 되겠다. '발 걸기tripping'라는 뜻을 가진 이탈리아어 gambetto에서 나온 말이다. gambol(뛰놀기, 장난, 뛰어다니다) 역시 같은 계열의 단어다. play a gambit은 "첫 수를 놓다", accept a gambit은 "책략을 받아들이다", try gambit after는 "~을 계속 선수로 몰아붙이다"는 뜻이다.

The gambit in chess is a strategic move when a player sacrifices a piece to secure a later advantage(체스에서 갬빗은 선수가 나중의 이익을 얻기 위해서 자신의 말을 희생하는 전략적인 수법이다). If so, it's a risky gambit(그렇다면, 이는 위험한 행동이다). Many people tried gambit after him(많은 사람이 그를 계속 선수로 몰아붙였다). Bill Gates said that the WebTV acquisition was Microsoft's riskiest gambit to date(빌 게이츠는 웹TV 인수가 마이크로소프트에서 지금까지 가장 위험한 전략이었다고 말했다).[25]

an opening gambit은 "(대화의) 모두冒頭에 하는 말"이다. gambits in conversation은 '대화의 양념'이라고 할 수 있겠는데, 임귀열은 일상의 대화에서 상황에 맞는 몇 가지 양념에 대해 다음과 같이 말한다.

"상대방이 열심히 얘기를 할 때 'I think so'만 반복하는 것보다 'That makes sense', 'That's a good point', 'I agree(with you)', 'That's true' 혹은 'I couldn't agree more'라고 긍정과 동감의 대꾸를 할 수 있다. 반대하거나 다른 의견이 있을 때는 'Yes, that may be true, but~', 'Well, you have a point, but~' 'I can see your point, but~' 'I see what you mean, but~'라고 말할 수도 있다.……말을 보태거나 첨언할 때에는 'And besides', 'What's more', 'Not to mention the fact that', 'Plus the fact that'으로 시작하면 된다."[26]

'레버리지'는 어떤 식으로
쓰이는가?

○
leverage

    leverage(레버리지)는 기업경영에서 차입금이나 사채 등 고정적으로 나가는 지출과 기계나 설비 등 고정적으로 부담하는 비용이 기업경영에서 지렛대lever처럼 중심 작용을 하는 것으로, 자본구조상에서 자기자본에 대한 장기 부채로 남아 있는 타인 자본의 비율을 말한다. 타인 자본의 비용이 클수록 재무상에서 레버리지의 수준이 높다.

    빚을 지렛대로 투자 수익률을 극대화하는 레버리지는 경기가 호황일 때 효과적인 투자법이다. 이는 상대적으로 낮은 비용(금리)으로 자금을 끌어와 수익성 높은 곳에 투자하면 조달 비용을 갚고도 수익을 남길 수 있기 때문이다. leveraged buyout은 매수 예정 회사의 자본을 담보로 한 차입금에 의한 기업 매수를 말하는데, 줄여서 'LBO식 기업 매수'라고 한다. 이런 의미에서 leverage는 1930년대 미국 기업계에서 처음 사용되었으며, 영국에선 leverage 대신 gearing이라는 말을 많이 쓴다.[27]

일상적인 대화에서 highly leveraged라고 하면 '엄청나게 빚을 많이 진'이란 뜻이다. leverage는 일반적으로 '영향력'이라는 의미로 많이 쓰인다. apply leverage는 "영향력을 발휘하다", wield leverage는 "영향력을 행사하다", diplomatic leverage는 "외교적 영향력", exercise political leverage는 "정치적 영향력을 행사하다"는 뜻이다. "Let's leverage our staff to cover the entire department"처럼 leverage가 '아쉬운 대로 충당하다'는 의미로 쓰이기도 한다.[28]

brand leverage(브랜드 레버리지)는 브랜드 가치와 관련해 브랜드의 확대가 가치에 어떤 영향을 미칠 수 있는지를 보는 것, 즉 기존의 브랜드를 가지고 새로운 사업 기회로 확대하는 것을 말한다. 예컨대, 디즈니가 처음에는 어린 아이들을 대상으로 한 오락사업에만 집중하다가 그 분야를 영화, 텔레비전, 소프트웨어, 테마파크, 호텔 등으로 확대한 경우를 들 수 있다.[29]

새로운 목표에 대해 기존의 지식을 적용하는 것도 레버리지라고 한다. 이와 관련, 발라 차크라바시Bala Chakravarthy와 수 맥에빌리Sue McEvily는 "서로 다르지만 관련된 응용 기회를 제공함으로써, 레버리지는 해당 지식을 반복적으로 활용할 수 있게 할 뿐만 아니라, 지식을 좀더 풍부하게 이용하고 새로운 요구 사항과 문제점에 반응해 다른 지식 자원과 결합할 수 있는 장점이 있다"고 말한다.[30]

반대로 deleveraging(디레버리징)은 '부채 정리(축소)'다. 영국 출신의 하버드대학 역사학과 교수 니얼 퍼거슨Niall Ferguson은 『위대한 퇴보The Great Degeneration』(2012)에서 "오늘날 서양의 침체를 설명하는 유행어가 바로 '디레버리징', 즉 부채를 감축하거나 재무제표의 적자를 줄여나가는 고통스러운 과정이다. 서양에서 오늘날과 같은 규모의 부채를 선례를 찾아보기 힘들다" 며 다음과 같이 말한다.

"공공 부문과 민간 부문의 채무를 합쳐 GDP 대비 250퍼센트를 넘은 것은 미국 역사상 두 번째 일이다. 맥킨지 글로벌 인스티튜트McKinsey Global Institute에서 50개 국가를 조사한 결과 1930년 이후로 총 45건의 디레버리징 사례를 찾아냈다. 그중 오직 8개 경우에서만 최초 채무 대 GDP 비율이 250퍼센트를 넘겼다. 하지만 오늘날은 미국뿐 아니라 호주와 캐나다를 포함한 거의 모든 영어권 국가, 독일을 포함한 유럽 대륙의 주요 국가들, 거기다 일본과 한국까지 그 범주에 들어간다."[31]

the paradox of deleveraging(디레버리징의 역설)은 각 경제 주체들이 빚을 줄이는 데만 집중한 나머지 수요 기반이 무너져 경기 회복의 발목을 잡는 현상을 뜻하는 말이다. 2008년 서브프라임 모기지 사태 발발 당시에 은행과 투자자들이 모기지 관련 자산을 처분하려고만 하던 상황에서 부채 디플레이션이 급격하게 진행되었던 사례가 있다.[32]

'식스 시그마'란
무엇인가?

●
six sigma

식스 시그마six sigma, 100만 개의 제품 중 3~4개의 불량만을 허용하는 3~4PPMParts Per Million 경영, 즉 품질 혁신 운동을 말한다. 시그마σ는 보통 통계학에서 오차 범위를 나타내며, 경영학에서는 제품의 불량률을 나타내는 데 사용된다. 1시그마는 68퍼센트, 3시그마는 99.7퍼센트의 제품이 만족스럽다는 의미이며, 시그마의 수치가 오를수록 제품의 품질만족도는 상승한다. 6시그마를 통계적으로 보면 99.99966퍼센트가 양품良品이라는 의미다. 예전의 100PPM 운동과 비교할 때 사실상의 완벽을 추구하는 품질관리 운동으로 볼 수 있다.

6시그마는 1987년 미국 모토롤라의 마이클 해리Michael Harry에 의해 처음 고안되었으며, 1990년대 초반 모토롤라는 5.5시그마를 달성해 22억 달러를 절감하는 성과를 올렸다. 이에 자극을 받은 제너럴 일렉트릭GE 회장 잭 웰치Jack Welch, 1935~는 1996년 1월부터 6시그마 도입을 선언하고 모든 사업 분야에 적용하기 시작했다. 이미 일본은 시계, 텔레비전, 자동차, 카메라 등과 같은 정밀기계제품에서도 6시그마를 달성해 세계적으로 우수성을 인정받고 있었는데, GE는 제품의 생산라인은 물론 인사, 관리, 총무, 마케팅 등 비생산 부분까지 시그마운동의 영역을 확대시켜 나갔다.

잭 웰치는 6시그마운동이 성공적으로 진행될 경우 21세기에도 GE가 초일류 기업으로 살아남을 수 있다는 점을 강조하면서 "6시그마운동에 동참을 하든지 아니면 해고를 각오하라"며 세게 몰아붙였다. 시그마운동에 돌입한 첫해 GE는 2억 달러의 비용을 들였지만 1억 5,000만 달러의 원가절감에 머물렀다. 하지만 3년 뒤인 1998년에만 약 10억 달러 이상의 효과를 얻었으며, 1999년에는 20억 달러의 비용 감소 효과를 확인했다.[33] 잭 웰치는 『위대한 승리Winning』(2005)에서 다음과 같이 말한다.

"기업의 경영 효율성을 증진시키고 생산성을 증대시키며 비용을 절감하는 데 있어 6시그마보다 더 효과적인 것은 없다.……단언하건대, 6시그마는 지난 25년 동안 가장 위대한 경영 혁신 운동이자 기업의 경쟁력을 증대시키는 가장 강력한 방법 중 하나이다.……6시그마는 고객이 원하는 것을, 고객이 원하는 시간에, 그리고 당신이 약속한 시간에 가질 수 있도록 제품과 내부 절차를 설계하고 낭비와 비효율성을 줄임으로써 그 목적을 달성한다.……전혀 유쾌하지 않은 돌발 사고나 약속을 지키지 못하는 실수를 완전히 제거하는 일이 바로 6시그마인 것이다."[34]

고려대학교 경영대학원 교수 박광태에 따르면, 6시그마는

① 고객의 관점에서 품질에 결정적 영향을 끼치는 요소CTQ: Critical To Quality가 무엇인지를 찾고, ② 문제해결 활동(6시그마 프로젝트)을 하며, ③ 품질관리 전문 인력을 체계적으로 양성해 ④ 제품이나 서비스에서 무결점을 추구하는 것이다. 한국에서는 1997년 시티은행 서울지점, 2000년 철도청(현 한국철도공사), 2004년 삼성물산 등이 6시그마를 도입해 큰 성과를 거두었다.[35]

그러나 조엘 베스트Joel Best는 6시그마를 패드fad(일시적 유행)로 보았다. 1980년대 초 기업들은 근로자와 경영자들이 품질 향상의 방법을 논의할 수 있는 '품질관리 서클'을 조직하는 데 몰두했다가, 그 열정이 사그라지면서 회사의 모든 활동 차원에서 품질 향상을 추구해야 한다는 '전사적 품질경영TQM: Total Quality Management', 그다음엔 '비즈니스 프로세스 리엔지니어링BPR: Business Process Reengineering', 그리고 나서 '식스 시그마'가 등장했다는 것이다. 베스트는 이러한 패턴은 부상emerging, 대유행surging, 퇴출purging이라는 3단계를 밟는 '제도적 패드의 라이프사이클'을 그대로 보여준다고 말한다.[36]

미국의 어느 경영대학원 교수는, 차가운 이성과 인간적 따뜻함이 이상적으로 결합되어 있는 투자 재벌 워런 버핏Warren Buffett, 1930~의 독특한 인간성을 가리켜 a five-sigma event라고 불렀다. 그와 같은 인간성을 가질 수 있다는 것이 확률적으로 거의 불가능하다는 의미다.[37]

학교
와
교육

왜 미국에선 자율형 공립학교를 둘러싼 논란이 뜨거운가?

●
charter school

charter school(차터 스쿨)은 미국에서 공립학교가 안고 있는 문제에 대한 대응의 일환으로 1990년대부터 시작된 '차터 스쿨 운동Charter School Movement'의 결과 설립된 자율형 공립학교다. 차터 스쿨은 주州정부의 인가charter를 받은 주체가 예산은 주정부의 지원과 기부금으로 충당하되 학교 운영은 사립학교처럼 자유롭게 할 수 있는 공립학교다. 1991년 미네소타주를 시작으로 2009년까지 모두 41개주와 워싱턴 D.C.가 차터 스쿨법을 통과시켰다. 차터 스쿨들이 기존 공립학교에 비해 인기를 누리고 있는 건 분명하지만, 공립학교의 문제를 해결할 수 있는 대안으로선 역부족이다.[1]

2010년 2월 의회에서 교육예산 90억 달러를 삭감하면서 약 3만 명의 초중고 교사들이 해고된 이후에도 교사 해고 선풍이 미국 전역을 강타했다. 교육계에선 미국 전역에 퍼지고 있는 차터 스쿨에서 연 수십억 달러를 퍼붓는 빌게이츠재단의 입김이 정부를 압도하고 있다며 공교육 위기설을 제기했다. 공공정책을 사적私的 영역에만 맡기면 투명성과 책임성을 담보할 수 없다는 것이다.[2]

그러나 지지자들의 생각은 다르다. 예컨대, 영국 출신의 하버드대학 역사학과 교수 니얼 퍼거슨Niall Ferguson은 『위대한 퇴보The Great Degeneration』(2012)에서 "오늘날 미국에는 잉글리시 아카데미와 같이 공적 자금을 받지만 독립적으로 운영되는 차터 스쿨이 2,000곳 이상 있어서, 최악의 빈곤 도심지에 거주하는 200만 가구에게 교육의 선택 폭을 넓혀주고 있다. 그중에서도 매우 만족스러운 결과를 내고 있는 석세스 아카데미Success Academy 같은 단체들은 미국 교원노조의 비방과 협박을 참고 견뎌내고 있다" 며 다음과 같이 말한다.

"왜냐하면 그런 차터 스쿨의 높은 학업 수준이 낮은 성적과 성취도라는 현 상태에 위협이 되기 때문이다. 뉴욕시 공립학교들의 경우 3~5학년 학생들의 62퍼센트가 작년 수학 시험을 통과한 반면, 할렘Harlem 석세스 아카데미의 통과율은 99퍼센트, 과학은 100퍼센트였다. 차터 스쿨이 공부 잘 하는 학생만 뽑아가거나, 가장 의욕이 높은 학부모들을 유치하기 때문이 아니었다. 할렘 석세스에 입학하는 학생은 추첨으로 정해진다. 이들이 더 높은 성적을 내는 것은 순전히 학교가 학생들의 성적에 대해 책임을 지고, 자율적으로 운영되기 때문이다."[3]

반면 일본 저널리스트 쓰쓰미 미카堤未果는 『주식회사 빈곤대국 아메리카』(2013)에서 이렇게 말한다. "공립학교가 망하면 당장 차터 스쿨이 세워진다. 은행가나 기업이 경영하는 차터 스쿨은 7년

이면 원금을 찾을 수 있다고 해서 투자가들에게 매력적인 상품이다. 다만 공적인 인프라가 아니라 어디까지나 교육 비즈니스이기 때문에, 학생들 입장에서는 입학하는 데 문턱이 높다. 비싼 수업료를 낼 수 있을 만큼의 경제력과 일정 이상의 학력이 요구되기 때문이다."[4]

왜 pupil은 '학생'과 '눈동자'라는 전혀 다른 두 개의 뜻을 갖고 있나?

pupil

    pupil은 "학생"과 "눈동자"라는 전혀 어울리지 않는 두 개의 뜻을 갖고 있다. 학생과 눈동자 사이에 무슨 관계가 있는 걸까? 이 단어가 라틴어 pupilla에서 유래된 것에서 그 답을 찾을 수 있겠다. pupilla는 "어린 소년, 작은 인형"을 뜻했는데, 눈동자에 비치는 바깥 세계의 이미지도 매우 작다는 이유로 눈동자라는 뜻까지 갖게 된 것이다. Her pupils were dilated(그녀의 눈이 휘둥그레졌다).

    pupa(번데기)와 puppy(강아지, 새끼)는 어원상 pupil과 같은 계열의 단어들이다. 모두 다 '덜 자란 생명체'라는 공통점을 갖고 있다. '학생'이라는 뜻의 pupil은 영국 영어에서 많이 쓰이는데, 이제는 구식 단어가 되어가고 있다. 특히 교사나 교육 관계자들 사이에서는, 또는 어린 아동이 아닌 학생들에 대해서는 student가 흔히 선호된다. schoolboy, schoolgirl, schoolchild는 아동의 나이나 인생에서 이 시절을 강조하는 뜻으로 쓰일 뿐, 가르치는 일이나 배우는 일과 관련해서는 잘 쓰이지 않는다.[5]

pupil of one's eye는 당연히 '눈동자'라는 뜻이지만, 동시에 pupil을 '학생'으로 볼 경우엔 선생이 각별히 편애하는 학생이라는 의미도 된다. 이른바 double talk(겹 대화)의 묘미라고 할 수 있겠다. 이런 용법이 확장되어 the apple of someone's eye는 "애지중지하는 것, 그 사람이 좋아하는 사람 또는 물건"이란 뜻이 된다. 물론 이 경우엔 apple이 '눈동자'란 뜻으로 쓰인 것이지만, 실제로 옛날엔 눈동자를 apple이라고 했다.

구약성서 「신명기Deuteronomy」 32장 10절에도 모세Moses의 입을 통해 다음과 같은 표현이 등장한다. In a desert land he found him, in a barren and howling waste. He shielded him and cared for him; he guarded him as the apple of his eye(여호와께서 그를 황무지에서, 짐승의 부르짖는 광야에서 만나시고 호위하시며 보호하시며 자기의 눈동자같이 지키셨도다).

Are you ready to see the apple of my eye?(내가 애지중지하는 거 보여줄까?). You are the apple of my eye(당신은 제게 눈에 넣어도 아프지 않을 만큼 소중한 사람이에요).[6]

'학교'와 '한가한 시간'은
무슨 관계인가?

school

school(학교)은 그리스어에서 나온 말인데, 원래 뜻은 leisure(한가한 시간, 여가)다. 고대 그리스에선 한가한 시간을 가진 사람만이 학교에 갈 수 있었기 때문에 나온 말이다.[7] 학생은 휴식 시간에도 학식 있는 사람들의 토론을 들으면서 휴식을 취했는데, 그런 휴식 시간을 가리켜 schole라고 한 데서 유래되었다는 설도 있다.[8]

영국 철학자 토머스 홉스Thomas Hobbes, 1588~1679는 school의 어원에 부합되는, 이런 명언을 남겼다. "Leisure is the mother of philosophy(여가는 철학의 어머니다)." 그러나 여가와는 거리가 먼 학교도 있으니, 그게 바로 school of hard knocks다.

school of hard knocks는 '역경(고난)의 학교', 즉 '실사회實社會'로, 생활 속에서 특히 실의와 힘든 일을 통해서 얻어지는 체험을

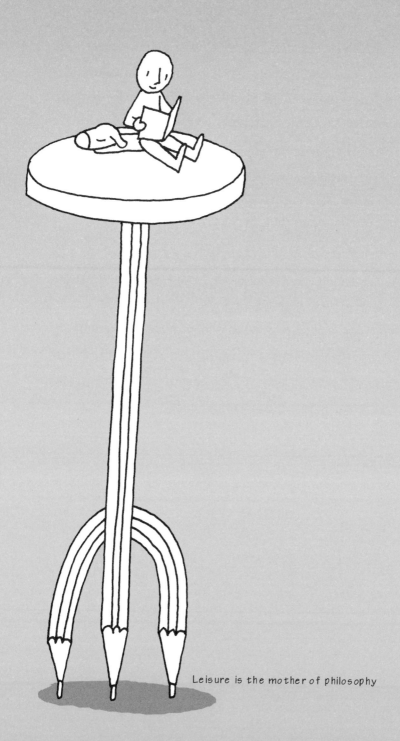

Leisure is the mother of philosophy

교육의 하나로 간주하는 것을 말한다. '공식 교육formal education'의 반대 개념으로 보면 되겠다. 미국 작가 앨버트 허버드Elbert Hubbard, 1856~1915가 1902년에 만든 말이며, 영국과 뉴질랜드에선 동의어로 '인생 대학university of life'이라는 말을 쓰기도 한다.

Shall I enter the school of hard knocks?(실사회에 들어갈까?). The school of hard knocks isn't so bad at his age(그 아이 나이면 실전 경험이 나쁘지는 않아). My college degree is from the school of hard knocks(나의 대학 학위는 수많은 어려움을 극복하고서 얻은 것입니다). He never went to high school; he was educated in the school of hard knocks(그는 고등학교 문턱에도 가지 못했지만, 실제 삶에서 산전수전山戰水戰을 체험했다).[9]

preschool은 미국에서 취학 전 2~6세의 아이들이 다니는 유아교육기관이다. 미국에선 유치원Kindergarten 이전의 학교이며, 공적 지원을 받은 최초의 프리스쿨 프로그램은 1965년 린든 존슨Lyndon B. Johnson, 1908~1973 대통령에 의해 만들어진 '헤드 스타트Head Start'다.[10]

'에티켓'과 '티켓'은 무슨 관계인가?

○
etiquette

That's the ticket!(바로 그거다. 안성맞춤이다). That's not quite the ticket(그다지 적절하지 않다).

영어에 이와 같은 표현이 있는데, 영 이해가 가지 않는다. 왜 ticket이 그런 뜻을 갖게 되었을까? 이는 1800년경 프랑스어 "etiquette"을 미국인들이 잘못 발음하면서 생긴 말이라고 한다. 즉, 이 표현들에 등장하는 ticket은 사실상 etiquette의 대용어인 셈이다. 한때 프랑스에선 법정 방문객들에게 법정에서 지켜야 할 예의범절을 적은 티켓(카드)을 나눠주었는데, etiquette은 바로 여기서 비롯된 말이라는 주장도 있다.

etiquette(에티켓, 예절)은 프랑스 고어인 estiquer(to stick)에서 나온 말인데, 이는 옛날엔 지켜야 할 주의사항을 표지판을 만들어 땅에 꽂거나 벽에 붙여놓았기 때문이다. 표지판을 '붙이다'에서

'끈끈하다' 로 발전한 sticky, 땅에 꽂는 말뚝인 stake와 같은 어원이다. 프랑스 고어로 stekken은 '땅에 꽂는다' 인데 땅에 꽂혀 있는 표지판도 estekker라고 불렀다. 나중에 s가 묵음이 되면서 etiquette으로 발음이 바뀌었다.

이런 관행은 적어도 14세기경에도 있었던 것이지만, 이를 확실하게 실천한 이는 루이 14세Louis XIV, 1638~1718다. 그는 1682년 베르사유Versailles 궁전을 지어 이주하면서 왕권의 위엄을 보여주기 위해 궁전에서 지켜야 할 매우 복잡한 규칙들을 만들었다. 이렇게 함으로써 귀족들이 왕권에 복종하게끔 길들이는 효과를 거둘 수 있었다고 한다.[11]

이렇듯 에티켓은 권력의 위엄을 확보하기 위한 전략 · 전술 차원에서 고안된 것이었다. 의복도 이런 에티켓의 범주에 포함되었다. 귀족도 아닌 사람들이 귀족처럼 옷을 입는 것은 신분 질서를 교란하는 것으로 간주되었기에 이른바 '사치 금지법' 이 공포되었다. 사치 금지법이 왕권주의의 몰락과 함께 사라지면서 어떤 일이 벌어졌을까? 이와 관련, 장 노엘 카페레Jean Noel Kapferer와 뱅상 바스탱Vincent Bastein은 『럭셔리 비즈니스 전략』(2009)에서 다음과 같이 말한다.

"법이 사라지자 교태와 허영이라 부를 만큼 의복은 재빠르게 사회적인 인지를 위한 경쟁의 장이 되었다. 상인과 부르주아는 마침내 귀족들 및 권력층과 경쟁할 수 있게 되었다. 금지령은 공식적으로 사라졌으나, 사회 계급질서의 형태를 인지할 수 있는 척도를 나타내려는 경쟁은 사라지지 않았다. 민주적이고 평등하며 심지어 계급이 없다고 여겨지는 사회에서도 럭셔리는 상류계층과 연결되어 있다. 그런 까닭에, 그것은 훈장과 다름없다. 다만, '에티켓' 으로부터 과시적인 레이블을 단 럭셔리 브랜드로 옮겨졌을 뿐이다(불어의 '에티켓'을 영어로 정확하게 번역한 단어가 '레이블'이다)." [12]

글래머와 라틴어 문법은
무슨 관계인가?

glamour

        2014년 9월 걸그룹 주얼리 멤버 예원의 과거 속옷 화보가 공개되자, 네티즌들은 일제히 그녀의 볼륨감 넘치는 몸매를 가리키며 '글래머'라고 했다. 이처럼 한국에선 육체파 여인을 가리켜 '글래머'라고 하는 경우가 있지만, 원래의 뜻과는 좀 거리가 있는 사용법이다. 지난 2010년에 뜬 이른바 '베이글녀'도 마찬가지다. '베이글녀'란 '베이비 페이스에 글래머러스한 몸매의 여자'를 가리키는 신조어로, 당시 언론은 다음과 같은 식으로 보도했다.

        "SBS〈내 여자친구는 구미호〉의 신민아는 무엇보다 학창 시절부터 10여 년간 톱 모델로 군림할 만큼 탁월한 몸매 비율을 지니고 있다는 것이 '베이글녀'의 열풍을 만들어냈다. 신민아와 마찬가지로 '베이글녀'의 대열에 합류한 신예 스타로는 이민정과 유인나가 있다. 이들의 나이를 아는 사람은 많지 않다. 이들은 앳된 외모와 상큼하고 발랄한 이미지, 탄력 있는 몸매로 남성들의 마음을 사로잡고 있다."[13]

그러나 영어에서 glamour는 "매력, 매혹하다"는 뜻이다. 17세기까지만 해도 영국에서 라틴어를 할 수 있는 사람은 매우 드물었으므로 라틴어 구사 능력은 많은 사람에게 경외의 대상이었다. 심지어 라틴어 문법 실력을 통해 마법도 행할 수 있다는 설까지 퍼져 나갔는데, 그런 능력을 가리켜 gramary라고 했다. 이 단어가 여러 단계의 변화 과정을 거치면서 오늘날의 grammar(문법)도 되는 동시에 glamour가 되었다.

glamorous는 "매혹적인, 매력이 넘치는", full of glamour는 "매력에 찬", the magic glamour of the moon은 "달의 요염한 아름다움", cast a glamour over는 "~을 매혹하다, ~에게 마법을 걸다", be under a glamour는 "홀려 있다", the high-flying glamour stocks는 "고가의 대형 우량주"라는 뜻이다.[14]

Glamour is what I sell, it's my stock in trade(내가 파는 것은 매력입니다. 내 장사 밑천이죠). 1930년대에 맹활약한 미국 할리우드 여배우 마를레네 디트리히Marlene Dietrich, 1901~1992의 말이다.[15]

'플레인 잉글리시' 운동이란 무엇인가?

○
plain

　　　　　　plain은 "(보거나 이해하기에) 분명한, 숨김없는, 솔직한, 있는 그대로의, 소박한, 꾸미지 않은, 무늬(표시)가 없는, 보통의(평범한), 특히 여성이 아름답지 않은, 매력 없는"이란 뜻이다. plain-clothes man(또는 plainclothesman)은 '서민'으로 자주 오역誤譯되는데, 그런 뜻이 아니라 '사복경찰관'을 가리키는 말이다.[16]

　　　　　　Plain English는 영어를 쉽고 간편하게 사용할 수 있도록 하자는 운동의 슬로건이다. 이 운동의 기본 정신은 조지 오웰George Orwell, 1903~1950이 1946년에 쓴 「정치와 영어」라는 글에서 다음과 같이 말한 것에 잘 표현되어 있다.

　　　　　　"Never use a foreign phrase, a scientific word or a jargon word if you can think of an everyday English equivalent

(쉬운 말로 쓸 수 있으면 쉬운 말로 표현하고, 절대로 일부러 외래어나 과학적인 혹은 전문적인 표현을 쓰려고 하지 마라)." [17]

영국 여성 크리시 마허Chrissie Maher는 많은 시민이 어려운 말과 용어 때문에 정부 문서에 접근하지 못하는 것을 보고 1979년부터 Plain English 운동을 전개해 1980년대 초에는 수천 건의 정부 문서를 쉬운 말로 고치기 시작했다. 예를 들어 ameliorate를 improve나 help로 고치고 as of the date of와 같은 고어체는 from으로 고쳤다. 이 과정에서 일상 영어는 약 400단어로 표현 가능하게 되었다. 1993년에는 미국에 소개되었으며, 곧이어 남아프리카공화국, 호주, 덴마크, 아일랜드, 뉴질랜드, 브라질, 인도, 스위스 등에도 전파되었다.

1996년에는 Easy English라는 운동도 나왔다. 이는 기초 단어 1,200단어에 추가로 1,600단어를 더해 2,800단어를 소개했다. 2010년 미국에선 행정 서류에는 뜻이 명확하고 간결하며 조리 있는 언어를 사용해야 한다고 규정한 '쉬운 언어쓰기 법Plain Writing Act'이 제정되었다. [18]

plain package는 '꾸미지 않은 포장'이란 뜻이다. 호주 정부는 2012년 12월 담뱃갑을 꾸미지 못하도록 Plain Package 규정을 도입했다. 모든 담뱃갑은 규격화된 글씨 크기와 글씨체를 쓰고 로고나 브랜드 이미지 자체를 못 쓰도록 해, '예쁜 담뱃갑' 때문에 담배에 손을 대는 소비자가 없게끔 하려는 것이다. 왜 화려한 포장이 문제가 되는가?

2년 전 선배에게서 담배를 얻은 걸 계기로 담배를 피우게 되었다는 중학교 3학년생 김미림(가명·15) 양은 최근 KT&G에서 람보르기니 스포츠카 이미지를 모티프로 해 만든 화려한 포장의 '토니노 람보르기니' 담배를 피운다. "왜 이 담배를 좋아하느냐"는 질문에, 김 양의 대답은 엉뚱했다. "제 꿈이 람보르기니 자동차를 타는 거라 이 담배를 피워요." 이 에피소드를 소개한 『조선일보』(2013년 7월 1일)는 「한국서만 화려해지는 담뱃갑, 청소년을 유혹」이라는 기사에서 다음과 같이 말했다.

"세계적으로 흡연율이 줄자, 담배 회사들이 청소년과 여성을 마케팅 타깃으로 삼고 점점 더 화려한 포장의 담배를 내놓고 있다는 게 전문가들의 분석이다.……우리나라는 담뱃갑에 대한 규제가 느슨한 틈을 타, 유독 화려한 포장의 담뱃갑이 많이 출시되고 있다. 우리나라 대표 담배 회사인 KT&G는 작년에 남성 패션잡지 '아레나'와 공동으로 담뱃갑 앞면에 나침반이 들어간 '디스플러스 아레나'를 내놓았다. 또 토니노 람보르기니 버전, 보헴모히또 아이스팩 등도 KT&G가 내놓은 화려한 포장의 담배다. 외국 회사 담배인 던힐 선셋, 던힐 미드나잇(이상 브리티시 아메리칸 토바코) 등도 화려한 포장으로 청소년 흡연층을 유혹한다."[19]

'로즈 장학금'이란
무엇인가?

Rhodes scholarship

Rhodes scholarship(로즈 장학금)은 세실 로즈Cecil Rhodes, 1853~1902의 유언에 의해 영연방, 미국, 독일 등에서 옥스퍼드Oxford대학에 유학하는 학생에게 수여되는 장학금이다. 미국선 매년 32명이 선발되는데, 전 미국 대통령 빌 클린턴Bill Clinton을 비롯해 미국의 많은 유명 인사가 이 장학생 출신이다.

로즈는 누구인가? 그는 '신에게서 받은 영국인의 사명'을 내세운 묘한 인물이었다. 남아프리카의 광산에서 번 돈으로 24세의 나이에 억만장자가 된 로즈는 1877년에 미리 작성한 유언장에서 전세계에 영국의 지배를 확장하는 것을 목표로 하는 비밀협회를 만들 것을 지시했다. '신에게서 받은 영국인의 사명'을 완수해야 한다는 게 그 이유였다. 그의 그런 꿈은 현재 로즈 장학금의 형태로 남아있다고 볼 수 있겠다.[20]

미국에서 1940년대에 대표적인 반反영국주의자였던 『시카고 트리뷴Chicago Tribune』의 발행인 로버트 매코믹Robert McCormick, 1880~1955은 다음과 같이 주장했다. The infamous Cecil Rhodes conceived the plan to give free education to Americans in Oxford and make them into English cells, boring from within(그 악명 높은 세실 로즈는 미국인들에게 옥스퍼드에서 공짜 교육을 제공하면서 그들을 영국의 앞잡이로 만들어 미국을 약화시키는 계획을 구상했다).

이 문장에서 boring from within은 '내부 와해 공작'이다. 내부에서 구멍을 뚫어 무너뜨리게 한다는 것으로, 이른바 '제5열 Fifth Column(적국에서 교란이나 스파이 활동을 하는 집단)'의 활동을 가리키는 것으로 볼 수 있겠다. 주로 공산주의자나 극단주의자들의 활동과 관련해 쓰이지만, 이와 같이 매코믹이 사용한 것처럼 달리 쓸 수도 있다.[21]

민족
과
인종

왜 야만인을
'바베어리언'이라고 했을까?

○
barbarian

barbarian은 "야만인, 미개인, 속물, 교양 없는 사람"이란 뜻이다. 옛날 그리스인들에게 모든 외국어는 일련의 '바바ba-ba' 소리로만 들렸기에 그들은 이방인을 barbarian이라고 했다. 로마인들도 이 단어를 빌려다 썼는데, 그리스인과 로마인들이 점차 이방인을 낮춰보면서 이와 같은 뜻으로 쓰이게 된 것이다. 즉, barbarian은 언어 능력의 결여나 사고의 결함을 암시하는 말이었다.

barbarian은 형용사로도 쓰이며, 같은 뜻의 형용사로 barbaric, barbarous 등이 있다. barbarian이 미개한(야만적인) 것에 대한 일반적인 말인 데 비해, barbaric에는 야만스러워 좋지 않다며 비난하는 심정과 야만적이기는 하지만 그런 대로 괜찮다는 호의적인 마음의 양 뜻이 포함되어 있다. barbarous는 미개 사회의 비인간성이나 잔인성을 강조하는 말이다. 그렇긴 하지만 실제로는 그런 구분 없이 혼용되어 쓰인다.

a barbaric punishment는 "잔인한 벌", barbaric decorations는 "세련미가 없는 장식물", a barbarous procedure 는 "야만적인 수법", an evening of wild and barbarous music은 "열광적이고 소란스러운 음악이 울려퍼지는 밤", relapse into a state of barbarism은 "미개한 상태로 돌아가다", barbarize (Barbarianize)는 "야만스럽게 하다, 야만화하다" 뜻이다.[1]

Do you feel like a barbarian if you eat meat?(고기를 먹으면 야만인처럼 느껴지니?). That's something only a barbarian would do(그런 것은 야만인이나 할 짓이다). Democracy is not suited for barbarians(민주주의는 미개인에게는 적합하지 않다).[2] For a long time the only women I've seen or known have been poor dull barbarians(나는 오랫동안 누추하고 미개한 야만인들 말고는 여자를 보거나 만난 적이 없어요). 영화 〈쿠오바디스Quo Vadis〉(1951)에서 데버러 커Deborah Kerr, 1921~2007의 미모에 반한 로버트 테일러Robert Taylor, 1911~1969가 한 고백이다.[3]

왜 '반反유대주의'는 잘못된 단어인가?

anti-Semitism

Jew는 Judea(유대) 사람, 즉 유대인이다. 유대인을 한자의 음역으로 '유태인猶太人'이라고도 하나, 오늘날 Berlin(베를린)을 '백림伯林'이라고 하지 않는 것처럼 '유대인'이라고 하는 게 좋을 것 같다.⁴ 그런데 반유대주의는 anti-Semitism이다. Jew는 어디로 가고 Semitism이라는 말을 쓰게 된 걸까?

anti-Semitism의 원래 뜻은 '반反셈족'이다. 셈족Semite은 구약성서에 나오는 노아Noah의 맏아들 셈Shem의 자손으로, 유대인Jew을 포함해 아랍인과 근동 지역의 다른 종족들을 포함한다. 그래서 미국 프린스턴대학 교수 피터 섀퍼Peter Schäfer, 1943-는 『유대인공포증Judeophobia』(1998)에서 "문자 그대로의 뜻인 '셈족에 대한 적대감'은 그 단어가 잘못되었음을 드러낸다. 반유대주의는 원래의 인종차별주의적 맥락에서는 모든 '셈족'이 아니라 오로지 유대인만을 겨

냥한 것이기 때문이다"고 말한다.

반유대주의의 역사는 오래되지만, anti-Semitism이라는 말의 역사는 100년 정도밖에 안 되었다. 유대인을 증오해 독일 문화에서 유대인의 영향을 몰아내길 원했던 독일인 선동가 빌헬름 마르Wilhelm Marr, 1819~1904는 1879년 반유대인연맹을 만들면서 '반유대인' 보다 '반셈족anti-Semites' 이란 말이 사회적으로 잘 먹혀들 것이라는 이유로 anti-Semitism이라는 말을 만들어냈고, 이게 널리 쓰이게 된 것이다. anti-Semitism이라는 단어가 독일어에서 차용되어 영어 사전에 오른 것은 1881년이다. semitism이란 단어는 1885년경에 만들어졌다.[5]

1880년부터 1924년까지 미국으로 이주한 유대인은 400만 명에 이르렀고, 1927년 뉴욕의 변호사 2만 명 중 3분의 2가 유대인이었으며, 수천 명이 학문, 음악, 희곡, 언론, 의료, 작곡, 연예 등 자신들에게 제약이 없는 모든 활동 분야에서 두드러진 활약을 보이고 있었다. 그럼에도 그들은 여전히 소외되었는데, 이를 설명해줄 수 있는 개념이 '5시 반유대주의five-o' clock anti-semitism' 라는 신종 표현이었다. 낮 시간 동안에는 유대인들과 함께 일할 수 있어도 밤에 그들과 어울리는 것은 어림도 없다는 뜻이다. 유대인들은 1960년대까지도 유대인 금지 골프장, 대학의 남학생과 여학생 클럽 등 비유대인들의 요새에 진입하겠다는 희망을 버려야 했다.[6]

유대인이란 말은 종교적인 의미에서는 유대교Judaism를 신봉하는 사람, 민족적인 의미에서는 유대 민족의 피를 타고 태어난 사람을 가리킨다. 유대인임을 판단하는 기준으로 보통 사용되는 이스라엘 귀환법the Law of Return 제4 B조는 유대인이란 "유대인 어머니에

게서 난, 혹은 유대교로 개종한 사람 중에서 다른 종교에 속하지 않는 자"라고 정의하고 있다.[7]

　　kike는 "(비하하는 뜻의) 유대인"이다. 미국에선 유대인이라고 해서 다 같은 유대인은 아니었다. 일찍 이민을 와 성공한 사람들이 많았던 독일계 유대인은 나중에 온 러시아·동유럽 유대인들과 거리를 두고자 했다. 이들의 이름이 'ky'나 'ki'로 끝나는 걸 염두에 두고 그들을 '카이크kike'라 부르며 경멸하기까지 했다. 이 호칭은 나중에 모든 유대인을 경멸하는 호칭으로 바뀌게 되지만, 독일계 유대인들은 우월 의식을 갖고 러시아·동유럽 유대인들과 자신들을 구별하기 위한 배타적 클럽을 만들기 시작했다.[8]

　　이스라엘에서도 유대인 간 차별은 매우 심각한 수준이다. 에티오피아계 유대인 수송작전인 1984년 '모세'와 1991년 '솔로몬' 등으로 지난 30년간 이스라엘로 이주한 에티오피아계 유대인은 10만 명이 넘지만, 이들은 사립학교 취학이 거부당하는 등 아랍계 이스라엘인과 함께 차별을 받고 있다.

　　2013년 12월 이스라엘의 국제구호단체가 헌혈을 하기 위해 의회에 있는 헌혈센터를 찾은 니나 타마노 샤타(32)에게 "보건부의 지침에 따라 특수한 종인 에티오피아계 유대인의 피를 받아들일 수 없다"며 채혈을 거부해 인종차별 비판을 받은 바 있다. 중도성향의 예쉬 아티드당 의원인 샤타는 "피부색이 다르다는 이유로 한 공동체 전체를 모욕하고 있다"며 "3살 때부터 이스라엘에서 살고 있고 군 복무도 마친 두 아이의 엄마다. 이런 식으로 대접받을 이유가 없다"고 항의했다.[9] 이스라엘은 과거 유럽에서 유대인 차별이 정당했다는 것을 스스로 입증하려는 것일까?

프랜차이즈와 프랑크족은
무슨 관계인가?

franchise

franchise(프랜차이즈)는 "(회사의) 가맹점 영업권(독점 판매권), (정부에서 주는) 독점 사업권, 체인점, 선거권", franchisor(franchiser)는 "가맹점 영업권 제공 회사", franchisee는 "가맹점", enfranchise는 "선거권을 주다", disenfranchise는 "선거권을 박탈하다"는 뜻이다.

franchise에서 franc의 원래 의미는 free지만,[10] 여기엔 제법 복잡한 역사적 배경이 있다. 조승연은 "'Frank' + '~ize', 즉 프랑스인의 조상인 프랑크인처럼 만든다는 뜻이다. 프랜차이즈 하면 치킨 체인 같은 것부터 떠올리는 경우가 많다. 하지만 원래는 국가가 특정 사업체에 주요 자원이나 사업권을 내주는 것을 말했다"며 다음과 같이 말한다.

"고대 로마 제국 북쪽에는 엄청나게 무서운 야만족이 살았다.……프랑크족은 로마인들 밑에서 노예살이를 한 적도 없고, 로마의 멸망 후에는 옛 로마 땅을 정복해서 오히려 후대의 로마 사람들을 노예로 삼았기 때문에 많은 특권을 누렸다. 프랑크족은 세금을 내지도 않고, 노동도 직접 할 필요가 없었으며, 심지어 프랑크족이 아닌 다른 민족을 죽여도 살인죄로 처벌받지 않는다는 법이 있을 정도로 우대받았다. 게다가 프랑크족의 추장들은 새로운 땅을 정벌하면 부족들에게 광산, 농장 같은 그 동네의 주요 자원에 대한 사업권을 넘겨주었다. 그래서 국가 자원이나 주요 사업권을 넘겨주는 것을 '프랑크인처럼 대하다'라는 뜻에서 'franchise'라고 했다가 지금은 본사에서 개인에게 사업권을 준다는 뜻으로 진화한 것이다."[11]

대한상공회의소가 2011년에 조사한 바에 따르면 국내에서 프랜차이즈 소속 가맹점들이 올리는 매출은 95조 원으로 대형마트의 매출(33조 원)과 백화점 매출(13조 원)을 합친 것보다 많다. 프랜차이저와 프랜차이지의 관계는 이른바 '갑을관계'로 불리면서 그 불공정성 문제가 사회적 현안으로 대두되었다.

2013년 7월 정치권은 '프랜차이즈법 개정안'이라 불리는 '가맹사업거래의 공정화에 관한 법률' 제정에 나섰는데, 개정안에는 가맹점주가 본사와 가맹계약을 맺을 때 본사가 가맹점주에게 예상 매출의 범위를 문서로 제시하는 것을 의무화하도록 했다. 매출이 많을 것처럼 부풀리지 못하게 하기 위해서다. 예상 매출이 허위로 드러나면 가맹 본사는 5년 이하 징역이나 3억 원 이하 벌금형에 처해지도록 처벌도 강화했으며, 또 가맹점 점포의 인테리어를 고칠 때 들어가는 비용의 최대 40퍼센트도 본사가 부담하도록 했다. 프랜차이즈 업체들은 이에 반발하고 있어, 향후 결말이 주목된다.[12]

프랜차이즈는 야구에서 특정 도시를 기반으로 한 특별 흥행권이나 제도, 프랜차이즈 플레이어franchise player는 특정 팀을 대표하는 선수 또는 그 팀에서 데뷔해서 그 팀의 간판스타가 된 선수를 말한다. 프랜차이즈 플레이어는 한 구단에서 데뷔한 선수 중 카리스마를 겸비한 리더십과 뛰어난 기량을 가진 선수에게 주어지는 호칭이지만, 팀의 수준에 따라 꼭 최고 수준의 선수는 아닐 수도 있다. 미국에서 1950년대부터 사용된 말이지만, 널리 쓰이게 된 건 1980년대부터다. 비단 야구뿐만 아니라 다른 프로 스포츠에서도 쓰인다. 한국 야구에선 기아타이거즈의 윤석민(현 볼티모어 오리올스), 롯데자이언츠의 강민호, 삼성라이온즈의 이승엽 같은 선수들이 프랜차이즈 플레이어다.[13]

2013년 7월 31일 최장집 고려대학교 명예교수는 원혜영 민주당 의원이 주최한 '혁신과 정의의 나라 포럼'에 참석해 "야당이 견제와 균형의 역할을 하지 못해 책임 정부가 실종되는 결과가 만들어졌다"며 "민주당은 구심점을 갖지 못하고 각 의원이 1인 정당 역할을 하는 '프랜차이즈 정당'"이라고 비판했다. 의원들이 제각각 다른 목소리를 내며 분열하는 민주당 상황을 독립적 소매점을 가맹점으로 하는 영업 형태를 뜻하는 프랜차이즈에 비유한 것이다.[14]

햄버거와 몽골인은
무슨 관계인가?

○
hamburger

hamburger(햄버거)의 역사는 중앙아시아에 살던 타타르Tartar족으로 거슬러 올라간다. 타타르족은 쇠고기를 날로 먹는 유목민족이었다. 이들은 생고기를 부드럽게 하기 위해 하루 종일 말안장에 깔고 다니다가 저녁에 각종 양념을 해서 먹는 방법을 사용했다. 이 음식이 러시아에 수입되자 러시아인들은 'steak tartare'라 불렀고, 몽골인들을 가리켜 Tartar라고 부르는 건 바로 여기서 연유되었다.

19세기 중반 이걸 러시아에서 본 독일 함부르크Hamburg의 상인이 함부르크에 돌아와 이 요리법을 소개했고, 이어 어느 요리사가 고기를 구워서 비슷한 방식으로 만든 요리를 선보였다. 이게 널리 유행하면서 독일 이민자들에 의해 미국에까지 소개되었다. 1904년 미주리주 세인트루이스St. Louis에서 열린 세계박람회에서 '햄버거'

라는 이름이 붙어 최초로 판매되었다.[15]

　　catch a Tartar는 "몹시 애먹이는 상대를 만나다, 애먹다"는 뜻이다. 몽골군이 유럽을 침략했을 때 보여준 몽골군의 사나운 용맹에서 유래된 말이다. tartar는 "사나운 사람", a young Tartar는 "다루기 힘든 아이"를 뜻한다.[16]

　　2014년 3월 러시아의 우크라이나 크림자치공화국 합병 시도와 관련해 화제가 된 타타르인은 몽골의 후손이다. 크림반도에 사는 타타르인은 30만여 명으로 전체 인구의 12퍼센트에 이르는 최대 소수민족이며, 러시아로 합병을 반대하는 대표적 세력이다. 이들은 대다수가 수니파 무슬림으로 러시아의 끔찍한 박해를 받은 적이 있어 합병에 강력 반대하고 있다.[17]

　　햄버거가 미국인의 '국민 식품'으로 등극하면서 burger라는 말이 독립적인 단어처럼 쓰이기 시작했다. 그래서 나온 것이 beefburger, cheeseburger, steakburger 등이다. 이런 용법에 익숙한 사람들은 햄버거가 햄ham에서 나온 것으로 생각하는 경향이 있다. 그러나 앞서 그 기원을 살펴보았듯이, 햄버거와 햄은 아무런 관계가 없다.[18]

왜 흑인이 사는 빈곤층 거주 지역에
붉은 줄을 긋는가?

redlining

　　redlining(레드라이닝)은 미국에서 주로 흑인이 사는 빈곤층 거주 지역에만 대출·보험 등 금융 서비스를 받는 데 제한을 둔 행위를 말한다. 지도상에서 특정 지역을 붉은 색으로 표시한 것에서 유래했다. redlining은 1960년대 말 사회학자이자 커뮤니티 운동가인 존 맥나이트John McKnight가 만든 말이지만, 이런 차별적 관행은 1930년대부터 시작되었다. electronic redlining 또는 information redlining은 소수민족·저소득층 등에 대한 정보 제공 차별을 뜻한다.[19]

　　redlining이 기승을 부릴 때에 대출 업무를 맡은 은행이나 공공기관은 지역을 네 가지 색으로 표시했다. 빨간색은 이미 쇠퇴한 지역, 노란색은 쇠퇴하고 있는 지역, 파란색은 부유한 지역, 초록색은 최상의 지역을 뜻했다. full decline(완전한 몰락)은 흑인들이 살고 있는 지역을 뜻하는 말이었다. 이와 관련, 더글러스 러시코프 Douglas Rushkoff는 『보이지 않는 주인: 인간을 위한 경제는 어떻게 파괴되었는가』(2009)에서 다음과 같이 말한다.

"감정평가사들은 어떤 지역에 다양한 인종이 들어오기 시작하면 가격 하락이 임박했다는 신호라고 교육받았다. 주택 소유자들도 이 논리대로 행동했다. 동네에 흑인이나 유대인이 들어오면 집을 빨리 팔아야 했다. 그래야 집값이 떨어지기 전에 대출금을 갚을 수 있었다. 자칫 시기를 놓치면 큰 빚을 지게 되었다. 교외 주민들은 생존을 위해서는 인종주의자가 되어야 한다는 점을 배웠다."[20]

redline엔 "항공기의 최고 안전속도를 정하다"는 뜻도 있다. The bomber is redlined at 650miles an hour(폭격기의 최고 안전속도는 시속 650마일로 지정되어 있다).[21] 이 용법이 시사하듯, 일반적으로 red line은 '안전을 보장할 수 없는 한계선'이라는 의미로 쓰인다. 1854년 크림전쟁Crimean War 중 발라클라바 전투Battle of Balaclava에서 유래된 말로, 미국 작가 제임스 존스James Jones, 1921~1977의 소설 『The Thin Red Line』(1962)을 통해 널리 쓰이게 되었다. 제2차 세계대전을 다룬 이 소설에서 thin red line은 인간이 한계 상황에 직면하면 정상과 광기의 차이는 아주 '얇다'는 의미로 쓰였다. 이 소설을 원작으로 1998년 철학 교수 출신인 테런스 맬릭Terrence Malick, 1943~ 감독이 제작한 영화 〈씬 레드 라인〉은 〈지옥의 묵시록〉과 같은 반전 영화 계열에 속한다. 오늘날 thin red line은 극한상황에서 영웅적 행위를 한 사람들을 상징하는 말로 쓰인다.[22]

왜 '좀비 열풍'이
부는가?

○
zombie

zombie(좀비)는 원래 서아프리카 지역의 부두교voodoo cult에서 뱀처럼 생긴 신snake-god을 가리키는 말로, 콩고어로 신을 뜻하는 nzambi에서 나온 말이다. 이후 일부 아프리카·카리브해 지역 종교와 공포 이야기들에 나오는 되살아난 시체를 뜻하는 말이 되었고, 비유적으로 반쯤 죽은 것 같은 무기력한 사람을 일컫는 말로 쓰이고 있다. 사람을 물면 물린 사람도 괴물이 되는 좀비는 1968년 조지 로메로George A. Romero 감독의 영화 〈살아 있는 시체들의 밤Day of The Dead〉에서 캐릭터로 정착되었다.[23]

영어에 처음 등장한 건 1838년으로 당시엔 zombi로 표기되었으나, 1900년대에 "e"가 추가되어 오늘날의 zombie가 되었다.[24] 디지털 기기에 푹 빠져 외부 세계와 절연된 사람은 '디지털 좀비digital zombie', 장기 보관을 위해 방사선 처리irradiation를 한 식품은 '좀

290

비 푸드zombie food'라고 한다.[25]

　　문강형준은 "좀비의 기원은 아이티의 부두교 흑마술로 알려져 있다. 일단의 흑마술사들이 사망 상태인 것처럼 보이게 하는 약을 사람들에게 먹여 '죽였'다가 다른 약으로 나중에 '살려'내어, 환각상태에 빠진 이들을 농장의 노예로 부렸다는 이야기가 그것이다. 이처럼 좀비는 삶과 죽음의 권리 자체를 박탈당한 채 영원한 노예가 되어버린 자들의 이름이다"며 다음과 같이 말한다.

　　"1960~70년대 전성기를 맞았던 좀비 서사에서 좀비가 흔히 노동자 계급 출신으로 묘사되는 것은 이 때문이다. '자유롭게' 노동력을 팔면서도 사물로 변해버린 노동자의 형상은 좀비와 닮았다. 자본주의하의 노동자는 동시에 소비자이기도 하다. 소비하기 위해 노동하고, 노동하기 위해 소비하는 끝없는 순환 속에서 좀비는 또한 쇼핑몰을 배회하는 소비자로 그려진다. 쇼핑몰은 해방감을 선사하며 자본주의 체제의 생존을 보장해주는 또 다른 억압의 공간이다. 그 속에서 좀비는 여전히 노예다.……그런 점에서 좀비는 현대인의 거울상이다. 좀비를 뜻하는 '살아 있는 시체'라는 표현이 애초에 니체가 인간을 묘사했던 말에서 온 것이 의미심장한 이유다."[26]

　　좀비는 한국 인터넷에서 부정적인 의미로 인기를 누리는 단어가 되었다. 『조선일보』(2013년 3월 19일)는 "최근에는 국내 인터넷 환경을 설명하며 '좀비'라는 단어가 등장한다. 소위 '좌좀'(좌익좀비), '우좀'(우익좀비)이라는 조어가 그 예다"며 다음과 같이 말한다.

　　"좀비는 기본적으로 떼를 형성하고, 무뇌無腦이며, 무한 증식한다. 온라인에서는 거침없는 내용의 게시물을 올리는 전사이지만, 막상 현실의 오프라인에서는 전혀 힘을 쓰지 못하는 소심한 사람들과도 같다. 문화평론가 이명석 씨는 '인간성을 잃어버린 채 떼 지어 다니면서 인간을 사냥하는 좀비는 온라인의 익명성을 이용해 하나의 이슈에 몰려드는 키보드 워리어(전사)와 닮았다'고 했다. 『뉴욕타임스』는 또 〈워킹 데드〉 방영 당시 '현대인이 무방비로 접하는 인터넷과 미디어가 바로 현대의 좀비'라고 보도했다."[27]

2013년 3월 셋째 주말(15~17일) 국내 개봉 영화 흥행 1위는 좀비를 소재로 다룬 외화 〈웜 바디스 Warm Bodies〉였다. 개봉 4일 만에 50만 명이 넘는 관객을 모은 이 영화는 좀비 소년과 인간 소녀가 만나 사랑을 키운다는 로맨스다. 이와 관련, 『조선일보』(2013년 3월 19일)는 "좀비·전염병을 소재로 한 대중문화 텍스트의 범람은 최근 전 세계의 문화적 코드다. 새 천년을 앞두고 미래에 대한 불안이 지배했던 1990년대 이후, 세기말적 상상력은 대중문화의 강력한 한 축이었다. 공산주의를 유토피아로 착각했던 현실사회주의의 붕괴, 핵 공포와 방사능 유출, 테러, 지진·쓰나미 등 자연·인공 재난 등이 반복되면서, 이런 디스토피아적 상상력에 가속도가 붙었다는 게 지배적인 해석이다"며 다음과 같이 말했다.

" '살아 있는 시체들의 밤' 등 좀비 영화의 대부로 불리는 미국의 조지 로메로 감독은 한 인터뷰에서 '현존하는 모든 재난이 곧 좀비'라면서 '좀비 영화는 사람들이 이 재난에 제대로 대응하지 못하는 상황을 그려낸 것'이라고 했다. 2011년의 동일본 대지진과 후쿠시마 원전사고, 갈수록 수위가 높아지고 있는 북한의 핵 위협도 이런 디스토피아적 상상력의 뿌리가 되고 있다.……어쩌면 좀비와 전염병 텍스트의 유행은 인간의 탐욕에 대한 역설적 경고일지도 모를 일이다."[28]

2013년 8월 김봉석·임지희는 동양 좀비라고 할 수 있는 중국의 강시(움직이는 시체)부터 최신 미국 드라마까지 다양한 좀비들을 분석한 『좀비사전』을 출간했다. 김봉석은 좀비의 개념이 확장·변주되는 점을 주목하면서 "좀비는 죽음의 공포, 세뇌된 인간, 소외된 존재를 넘어 새로운 종의 가능성은 물론 인간의 진화까지 의미하는 존재가 되었다"고 말했다.[29]

2013년 8월 11일(일요일) 이른바 '전력대란과의 전쟁'이 선포된 이후 전국 2만여 개 공공기관의 에어컨 전원 스위치가 한꺼번에 내려지는 '공포의 월·화·수'가 찾아왔다. 소셜네트워크서비스SNS엔 "더위에 지쳐 말을 잊은 좀비들", "인권유린"이란 자조가 넘쳐났다. 이와 관련, 권석천 『중앙일보』 논설위원은 8월 14일자에 쓴 「폭염 좀비'들이 출몰하는 나라」라는 칼럼에서 "공무원들은 암실 속에서 컴퓨터 모니터에 횡한 눈을 껌뻑이다 바람 통하는 곳을 찾아 어두운 복도를 비척거리며 걷는다"며 다음과 같이 말했다.

"공무원과 회사원들을 순식간에 '폭염 좀비'로 만든 '올여름 최대의 전력위기'(윤 장관)는 어디에서 비롯된 것인가. 가장 큰 책임은 전력 수요 변화를 제대로 예측하지 못한 정부 자체에 있다. 2006년 말 정부는 2012년 최대 수요가 6712만KW일 것으로 추정했으나 실제로는 7429만KW였다. 이 11퍼센트의 계산 착오를 블랙아웃(대규모 정전) 위기로 악화시킨 주범은 원전 비리다. 부품 시험성적서 위조 사실이 드러나면서 신고리 1, 2호기 등 원전 3기가 멈춘 상태다. 이들 원전만 가동돼 300만KW의 전력을 생산했다면 우리는 불안에 떨지 않아도 됐을 것이다."[30]

2014년 3월 3일 미국의 『월스트리트저널』은 "대중문화에 침

투한 좀비가 지성의 전당인 학계에까지도 손을 뻗치고 있다"고 보도했다. 지난 5년 사이 '좀비'를 주제로 한 신간 학술 도서가 약 20권 출판되었으며, 학술 논문 온라인 데이터베이스인 JSTOR에는 2005년 이후 39편의 관련 저널이 실렸다는 것이다. 이와 관련, 미국 문학·문화 전문가인 서울대학교 영문과 교수 김성곤은 "요즘 학계에선 선악의 개념을 뒤집고 마이너리티를 재조명하는 것이 유행이다. 어릴 때부터 대중문화를 통해 '좀비'를 자주 접했던 젊은 교수와 학생들이 거부감 없이 '좀비'를 연구 대상으로 수용한 것도 '좀비 열풍'의 이유"라고 했다.[31]

2014년 3월 미국에 기반을 둔 세계 최대 취업 정보 사이트 '글래스도어Glassdoor'엔 삼성전자의 캘리포니아주 새너제이 법인에서 일했거나 일하고 있다는 미국인 직원들의 평가가 올랐는데, 긍정적인 평가도 있었지만 "좀비가 되기 싫으면 도망가라"는 부정적인 평가가 많았다. "사생활이라곤 없다", "일과 휴가 사이의 균형? 최악이다", "군대처럼 명령에 따라 일한다" 등과 같이 삼성전자를 '좀비 양성소'로 취급했다는 것이다.[32]

이런 평가가 시사하듯, '좀비'는 미국 기업들에서 직원들 사이에 자주 쓰이는 용어인데 적용 범위가 매우 넓다. CEO가 갈팡질팡해 어떤 방향으로 가야 할지 종잡을 수 없을 때, 인수합병을 당해 회사의 정체성이 헷갈릴 때, 구조조정으로 인한 해고 불안에 떨 때, 효율성 제고라는 미명하에 노동 강도가 높아질 때 등 다양한 경우에 무기력의 극치에 이르렀다는 의미에서 좀비라는 말을 쓴다.[33]

회사와 사무실의 외양은 우아하고 화려하지만, 그 내부에선 사원들을 좀비로 만드는 분위기가 감돌고 있을 때, 그런 분위기를 가리켜 zombience라고 부르는 신조어도 생겨났다. zombie와 '분위기'를 뜻하는 ambience의 합성어다.[34]

제1장 음식문화

1 문세영, 「베이컨 등 많이 먹으면 췌장암 위험 급증」, 『코메디닷컴 뉴스』, 2014년 7월 17일; 「베이컨[bacon]」, 『네이버 지식백과』.

2 Marvin Terban, 『Scholastic Dictionary of Idioms』(New York: Scholastic, 1996), p.26; Adam Makkai, 『Barron's Handbook of Commonly Used American Idioms』(Woodbury, NY: Barron's Educational Series, 1984), p.35.

3 Albert Jack, 『Red Herrings and White Elephants: The Origins of the Phrases We Use Every Day』(New York: HarperCollins, 2004), pp.180~181; Webb Garrison, 『What's in a Word?』(Dallas, TX: Thomas Nelson, 2000), p.117.

4 Harry Oliver, 『March Hares and Monkey's Uncles: Origins of the Words and Phrases We Use Every Day』(London: Metro, 2005), pp.11~12; 『시사영어사/랜덤하우스 영한대사전』 (시사영어사, 1991), 171쪽.

5 이경현, 「날개 단 샐러드: 당당한 주연으로 거듭난 '샐러드'」, 『메종』, 2014년 8월 25일.

6 이승희, 「군산상고, 등교 20분 늦추고 '샐러드 바 독서교실'」, 『국제뉴스』, 2014년 10월 13일.

7 김남희, 「샐러드도 자판기에서 뽑아먹는 시대」, 『조선일보』, 2014년 9월 14일.

8 John Walston, 『The Buzzword Dictionary』(Oak Park, IL: Marion Street Press, 2006), p.170.

9 Jordan Almond, 『Dictionary of Word Origins: A History of the Words, Expressions, and Cliches We Use』(Secaucus, NJ: Citadel Press, 1997), p.213; Martin H. Manser, 『Get to the Roots: A Dictionary of Word & Phrase Origins』(New York: Avon Books, 1990), p.200; William Morris & Mary Morris, 『Morris Dictionary of Word and Phrase Origins』, 2nd ed.(New York: Harper & Row, 1971), p.504; 『엣센스 영한사전』, 제6정판(민중서림, 1995), 1159쪽.

10 「salad days」, 『다음 영어사전』.

11 William Safire, 『I Stand Corrected: More 'On Language'』(New York: Avon, 1984), pp.101~103.

12 정희진, 『정희진처럼 읽기』(교양인, 2014), 209쪽.

13 장상진, 「위스키·보드카에 밀리던 美 맥주시장… '색다른 맛' 경쟁이 살렸다」, 『조선일보』, 2013년 5월 3일.

14 박미향, 「크래프트 비어, 맥주의 철학을 마십니다」, 『한겨레』, 2013년 6월 27일.

15 크리스천 랜더(Christian Lander), 한종현 옮김, 『아메리칸 스타일의 두 얼굴』(을유문화사, 2008/2012), 45쪽.

16 N 1, 최세희 옮김, 『힙스터에 주의하라』(마티, 2010/2011), 35쪽·84쪽.

17 Bill Beavis & Richard G. McCloskey, 『Salty Dog Talk: The Nautical Origins of Everyday Expressions』(London: Adlard Coles Nautical, 2007), pp.38~39.

18 「groggy」, 『다음 영어사전』.

19 심순철, 『프랑스 미식기행』(살림, 2006), 18~19쪽.

20 제프 자비스(Jeff Jarvis), 위선주 옮김, 『공개하고 공유하라』(창림출판, 2011/2013), 145쪽.

21 「Café society」, 『Wikipedia』.

22 임귀열, 「[임귀열 영어] Cafeteria-Restaurant(식당 이야기)」, 『한국일보』, 2013년 5월 30일.

23 임귀열, 「[임귀열 영어] Cafeteria-Restaurant(식당 이야기)」, 『한국일보』, 2013년 5월 30일.

24 W. Russell Neuman et al., 『Common Knowledge: News and the Construction of Political Meaning』(Chicago, IL: The University of Chicago Press, 1992), p.118.

25 이영수, 「생강의 효능」, 『코리아블로그뉴스』, 2014년 10월 21일.

26 Georgia Hole, 『The Real McCoy: The True Stories Behind Our Everyday Phrases』(New York: Oxford University Press, 2005), p.75; John Ayto, 『Word Origins: The Hidden Histories of English Words from A to Z』, 2nd ed.(London, UK: A & C Black, 2005), p.243; 「ginger」, 『다음 영어사전』.

27 Harry Oliver, 『March Hares and Monkey's Uncles: Origins of the Words and Phrases We Use Every Day』(London: Metro, 2005), pp.190~191; 「gingerly」, 『다음 영어사전』.

28 김윤겸, 「'나쁜 녀석들', 지상파에선 볼 수 없었던 '하드보일드'」, 『티브이데일리』, 2014년 10월 20일.

29 Webb Garrison, 『What's in a Word?』(Dallas, TX: Thomas Nelson, 2000), p.115.

30 「Hardboiled」, 『Wikipedia』.

31 남기현, 「肉가공 제품, 소시지 뜨고 햄 진다: 1인 가구・캠핑족 증가 영향…"간편한 게 최고"」, 『매일경제』, 2014년 8월 24일.

32 Harry Oliver, 『Cat Flaps and Mousetraps: The Origins of Objects in Our Daily Lives』 (London: Metro, 2007), pp.76~77.

33 조승연, 「[Weekly BIZ] [인문학으로 배우는 비즈니스 영어] salary」, 『조선일보』, 2013년 5월 18일; 데이비드 크리스틸(David Crystal), 서순승 옮김, 『언어의 작은 역사』(휴머니스트, 2010/2013), 258~259쪽.

34 Jordan Almond, 『Dictionary of Word Origins: A History of the Words, Expressions, and Cliches We Use』(Secaucus, NJ: Citadel Press, 1997), p.239; Charles Earle Funk & Charles Earle Funk, Jr., 『Horsefeathers and Other Curious Words』(New York: Quill, 1958/2002), p.70.

35 Allan Metcalf & David K. Barnhart, 『America In So Many Words: Words That Have Shaped America』(New York: Houghton Mifflin, 1997), pp.51~52; John Ayto, 『Word Origins: The Hidden Histories of English Words from A to Z』, 2nd ed.(London, UK: A & C Black, 2005), p.50.

36 이지영, 「낮은 온도로 지글지글~ 촉촉한 텍사스풍 스테이크」, 『중앙일보』, 2013년 7월 5일.

37 고령, 「바비큐의 완성은 조급증 버리기」, 『한겨레』, 2013년 7월 11일.

38 이세걸, 「도시공원 바비큐 시설 허용: 음식쓰레기・냄새 등 환경훼손 불가피…졸속 발표도 문제」, 『경향신문』, 2013년 7월 19일; 김종숙, 「도시공원 바비큐 시설 허용: 저비용 레저문화 정착 계기될 것…무질서는 기우에 불과」, 『경향신문』, 2013년 7월 19일.

39 김성윤, 「누가 肉食을 두려워하나」, 『조선일보』, 2013년 7월 4일.

40 클로테르 라파이유(Clotaire Rapaille), 김상철・김정수 옮김, 『컬처코드: 세상의 모든 인간과 비즈니스를 여는 열쇠』(리더스북, 2006/2007), 218~221쪽.

41 Charles Earle Funk, 『Thereby Hangs a Tale: Stories of Curious Word Origins』(New York: Quill, 2002), pp.110~111; 『The Editors of The American Heritage Dictionaries, Word Mysteries & Histories』(Boston, Mass.: Houghton Mifflin, 1986), p.76.

제2장 식물・동물・자연

1 강인귀, 「"나를 생각해 주세요" 3월의 꽃 '팬지'…폴리페놀 풍부해 식용으로도 쓰여」, 『머니위크』, 2014년 3월 11일.

2 William Morris & Mary Morris, 『Morris Dictionary of Word and Phrase Origins』, 2nd ed.(New York: Harper & Row, 1971), p.440; Chrysti M. Smith, 『Verbivore's Feast: A Banquet of Word & Phrase Origins』(Helena, MT: Farcountry Press, 2004), p.123; 「Pansy」, 『Wikipedia』.

3   황규인, 「지구촌 이모저모」 딱 걸린 伊총리…성매매 재판 女판사 손에 쥐」, 『동아일보』, 2011년 2월 17일.

4   김지석, 「유레카」 동백」, 『한겨레』, 2014년 11월 5일.

5   Charles Earle Funk, 『Thereby Hangs a Tale: Stories of Curious Word Origins』(New York: Quill, 2002), p.56; 「Georg Joseph Kamel」, 『Wikipedia』.

6   서옥식 편저, 『오역의 제국: 그 거짓과 왜곡의 세계』(도리, 2013), 379~380쪽.

7   「Knights of the White Camelia」, 『Wikipedia』.

8   「목련」, 『위키백과』.

9   William Morris & Mary Morris, 『Morris Dictionary of Word and Phrase Origins』, 2nd ed.(New York: Harper & Row, 1971), p.370; Chrysti M. Smith, 『Verbivore's Feast: A Banquet of Word & Phrase Origins』(Helena, MT: Farcountry Press, 2004), p.123; 「Magnolia」, 『Wikipedia』.

10 William Safire, 『Safire's Political Dictionary』(New York: Random House, 1978), p.659.

11 「Magnolia」, 『Wikipedia』.

12 「IS 마약 복용 시킨 뒤 전투? 환각제 전투 '경악'」, 『서울신문』, 2014년 10월 30일.

13 Charles Earle Funk & Charles Earle Funk, Jr., 『Horsefeathers and Other Curious Words』(New York: Quill, 1958/2002), p.197; William Safire, 『Safire's Political Dictionary』(New York: Random House, 1978), pp.105~106.

14 「assassin」, 『네이버 영어사전』.

15 Webb Garrison, 『What's in a Word?』(Dallas, TX: Thomas Nelson, 2000), p.145; 『시사영어사/랜덤하우스 영한대사전』(시사영어사, 1991), 328쪽; 「cajole」, 『다음 영어사전』.

16 박은진, 「정어리와 상어」, 『한국일보』, 2014년 7월 24일.

17 Erin Barrett & Jack Mingo, 『Random Kinds of Factness 1001』(San Francisco, CA: Conari Press, 2005), p.135.

18 「sardine」, 『다음 영어사전』.

19 Jordan Almond, 『Dictionary of Word Origins: A History of the Words, Expressions, and Cliches We Use』(Secaucus, NJ: Citadel Press, 1997), p.215; William Morris & Mary Morris, 『Morris Dictionary of Word and Phrase Origins』, 2nd ed.(New York: Harper & Row, 1971), p.507; John Ayto, 『Word Origins: The Hidden Histories of English Words from A to Z』, 2nd ed.(London, UK: A & C Black, 2005), p.436; 「Sardonicism」, 『Wikipedia』.

20 이정례, 「환경부 보호 지정 포획금지 두꺼비가 살고 있어요」, 『부비뉴스』, 2014년 9월 22일; 「두꺼비」, 『위키백과』.

21 김만흠, 「김만흠의 폴리데미아」 2010년 '정치적 동물원'의 동물들」, 『폴리뉴스』, 2010년 12월 27일.

22 「생물 이야기」 두꺼비의 독 (893)」, 『강원일보』, 2013년 8월 17일, 8면.

23 Jordan Almond, 『Dictionary of Word Origins: A History of the Words, Expressions, and Cliches We Use』(Secaucus, NJ: Citadel Press, 1997), p.242; Charles Earle Funk, 『Thereby

Hangs a Tale: Stories of Curious Word Origins』(New York: Quill, 2002), p. 281; John Ayto, 『Word Origins: The Hidden Histories of English Words from A to Z』, 2nd ed.(London, UK: A & C Black, 2005), p. 509; 「toadyism」, 『다음 영어사전』.

24 Charles Earle Funk, 『Thereby Hangs a Tale: Stories of Curious Word Origins』(New York: Quill, 2002), pp. 61~62; John Ayto, 『Word Origins: The Hidden Histories of English Words from A to Z』, 2nd ed.(London, UK: A & C Black, 2005), p. 92; 「Caper」, 『Wikipedia』.

25 「caper」, 『다음 영어사전』; 「caper」, 『네이버 영어사전』.

26 오형규, 「케이퍼 무비(caper movie)」, 『한국경제』, 2012년 8월 17일.

27 「caper」, 『다음 영어사전』.

28 Chrysti M. Smith, 『Verbivore's Feast: A Banquet of Word & Phrase Origins』(Helena, MT: Farcountry Press, 2004), p. 313.

29 Webb Garrison, 『What's in a Word?』(Dallas, TX: Thomas Nelson, 2000), p. 145; 『시사영어사/랜덤하우스 영한대사전』(시사영어사, 1991), 1002쪽.

30 Robert Sherrill, 「The Trajectory of a Bumbler」, 『New York Times Book Review』, June 5, 1983, p. 31.

31 김현수·장선희, 「[인터넷 여론 왜곡하는 뉴미디어 스나이퍼] (中) 사이비 언론을 닮아가는 블랙블로거」, 『동아일보』, 2012년 6월 29일.

32 장덕종, 「여수조선소 유출 암모니아, 소량 접촉에도 위험」, 『연합뉴스』, 2014년 7월 31일.

33 John Bemelmans Marciano, 『Toponymity: An Atlas of Words』(New York: Bloomsbury, 2010), pp. 9~10; John Ayto, 『Word Origins: The Hidden Histories of English Words from A to Z』, 2nd ed.(London, UK: A & C Black, 2005), p. 55.

34 「ammonia」, 『다음 영어사전』.

35 Charles Earle Funk, 『Thereby Hangs a Tale: Stories of Curious Word Origins』(New York: Quill, 2002), p. 108; Martin H. Manser, 『Get to the Roots: A Dictionary of Word & Phrase Origins』(New York: Avon Books, 1990), p. 87; 조승연, 「[Weekly BIZ] [인문학으로 배우는 비즈니스 영어] electronics」, 『조선일보』, 2014년 6월 14일.

36 Martin Terban, 『Guppies in Tuxedos: Funny Eponyms』(New York: Clarion Books, 1988), p. 42.

37 John Ayto, 『Movers and Shakers: A Chronology of Words That Shaped Our Age』(New York: Oxford University Press, 2006), p. 16; 스티븐 컨(Stephen Kern), 박성관 옮김, 『시간과 공간의 문화사 1880~1918』(휴머니스트, 2004), 288쪽; 찰스 패너티(Charles Panati), 최희정 옮김, 『문화라는 이름의 야만』(중앙M&B, 1989/1998), 145~158쪽.

38 채명석, 「2월 탄생석 '자수정' 선물 어때요?」, 『아시아경제』, 2009년 2월 3일.

39 Harry Oliver, 『Bees' Knees and Barmy Armies』(London: Metro, 2008), p. 87; Harry Oliver, 『Black Cats and April Fools』(London, England: Metro, 2006), pp. 188~189; Editors of the American Heritage Dictionaries, 『More Word Histories and Mysteries: From Aardvark to Zombie』(New York: Houghton Mifflin, 2006), pp. 11~13.

40 채명석, 「2월 탄생석 '자수정' 선물 어때요?」, 『아시아경제』, 2009년 2월 3일.

제3장 대중문화와 소비문화

1 고아라, 「영화 '클리프행어' 리메이크 기획 중」, 『뉴스컬처』, 2014년 6월 4일.

2 Christine Ammer, 『The Facts on File Dictionary of Clichés』(New York: Checkmark Books, 2001), p.66; 『시사영어사/랜덤하우스 영한대사전』(시사영어사, 1991), 429쪽; 「Cliffhanger」, 『Wikipedia』.

3 김은경, 「반복적인 '뮤직 브랜딩' 고객을 골수팬 만든다」, 『이코노믹리뷰』, 2012년 2월 3일; 「Earworm」, 『Wikipedia』.

4 백승찬, 「[책과 삶] 인간의 두뇌는 진화하지 않았다…진화한 건 언어와 음악이다」, 『경향신문』, 2013년 3월 23일.

5 마크 챈기지(Mark Changizi), 노승영 옮김, 『자연모방』(에이도스, 2011/2013), 125쪽.

6 문세영, 「종일 머릿속에 음악 뱅뱅… '귀벌레' 현상」, 『코메디닷컴』, 2014년 3월 11일.

7 조나 버거(Jonah Berger), 정윤미 옮김, 『컨테이저스: 전략적 입소문』(문학동네, 2013), 136쪽.

8 윤한슬, 「불후의 명곡 에일리, 마이클 볼튼 앞 넘치는 그루브로 무대 장악」, 『뉴스1』, 2014년 10월 18일.

9 Harry Oliver, 『Bees' Knees and Barmy Armies』(London: Metro, 2008), pp.175~176; 「groove」, 『다음 영어사전』.

10 Nigel Rees, 『Cassell's Dictionary of Word and Phrase Origins』(London: Cassell, 2002), p.112; 『엣센스 영한사전』, 제6정판(민중서림, 1995), 1165쪽.

11 Max Cryer, 『Common Phrases』(New York: Skyhorse, 2010), p.96.

12 마틴 린드스트롬(Martin Lindstrom), 박세연 옮김, 『누가 내 지갑을 조종하는가: 그들이 말하지 않는 소비의 진실』(웅진지식하우스, 2011/2012), 269쪽.

13 기 소르망(Guy Sorman), 박선 옮김, 『열린 세계와 문명창조』(한국경제신문사, 1997/1998), 157쪽.

14 재닛 로(Janet Lowe), 신리나 옮김, 『신화가 된 여자 오프라 윈프리』(청년정신, 1998/2002), 25쪽.

15 제니스 펙(Janice Peck), 박언주·박지우 옮김, 『오프라 윈프리의 시대』(황소자리, 2008/2009), 16쪽.

16 재닛 로(Janet Lowe), 신리나 옮김, 『신화가 된 여자 오프라 윈프리』(청년정신, 1998/2002), 26쪽.

17 재닛 로(Janet Lowe), 신리나 옮김, 『신화가 된 여자 오프라 윈프리』(청년정신, 1998/2002), 27쪽.

18 제니스 펙(Janice Peck), 박언주·박지우 옮김, 『오프라 윈프리의 시대』(황소자리,

2008/2009), 350쪽.

19 에바 일루즈(Eva Illouz), 강주헌 옮김, 『오프라 윈프리, 위대한 인생』(스마트비즈니스, 2003/2006), 47쪽.

20 헬렌 가르손(Helen S. Garson), 김지애 옮김, 『오프라 윈프리 최고의 삶을 말하다』(이코노믹북스, 2004/2009), 24~25쪽.

21 정상환, 『검은 혁명: 자유와 평등을 향하여, 쿤타 킨테에서 버락 오바마까지』(지식의숲, 2010), 347쪽.

22 정형모, 「소년의 표정」, 『중앙선데이』, 제277호(2012년 7월 1일).

23 Max Cryer, 『Common Phrases』(New York: Skyhorse, 2010), p.261.

24 조너선 갓셜(Jonathan Gottschall), 노승영 옮김, 『스토리텔링 애니멀: 인간은 왜 그토록 이야기에 빠져드는가』(민음사, 2012/2014), 24쪽.

25 Douglas B. Smith, 『Ever Wonder Why?』(New York: Fawcett Gold Medal, 1991), p.81; Albert Jack, 『Red Herrings and White Elephants: The Origins of the Phrases We Use Every Day』(New York: HarperCollins, 2004), pp.157~158; 「John Dennis(dramatist)」, 『Wikipedia』.

26 Adam Makkai, 『Barron's Handbook of Commonly Used American Idioms』(Woodbury, NY: Barron's Educational Series, 1984), p252; 「steal the show」, 『네이버 영어사전』.

27 조엘 베스트(Joel Best), 안진환 옮김, 『댓츠 어 패드(That's a fad!): 개인과 조직이 일시적 유행에 현혹되지 않는 5가지 방법』(사이, 2006); 김윤종, 「 '마빡이' 가 뜬다고? 거품을 경계하라!」, 『동아일보』, 2006년 12월 9일, 25면; 김경훈, 「일시적 유행에 휩쓸리지 않는 법」, 『한겨레21』, 2006년 12월 26일, 61면; 레이 피스먼(Ray Fisman)·팀 설리번(Tim Sullivan), 이진원 옮김, 『경제학자도 풀지 못한 조직의 비밀』(웅진지식하우스, 2013/2014), 125쪽.

28 드루 웨스턴(Drew Westen), 뉴스위크한국판 옮김, 『감성의 정치학: 마음을 읽으면 정치가 보인다』(뉴스위크한국판, 2007), 170쪽.

29 드루 웨스턴(Drew Westen), 뉴스위크한국판 옮김, 『감성의 정치학: 마음을 읽으면 정치가 보인다』(뉴스위크한국판, 2007), 287쪽.

30 「signature style」, 『다음 영어사전』.

31 황미리, 「나이키·아디다스·리복 운동화로 본 '시그너처 스타일'」, 『매일경제』, 2013년 1월 18일.

32 안정효, 『오역사전』(열린책들, 2013), 399쪽.

33 「Kalle Lasn」, 『Wikipedia』; 「Culture jamming」, 『Wikipedia』.

34 존 더 그라프(John de Graaf)·데이비드 왠(David Wann)·토머스 네일러(Thomas Naylor), 박웅희 옮김, 『어플루엔자: 풍요의 시대, 소비중독 바이러스』(한숲, 2001/2002), 264쪽.

35 「Subvertising」, 『Wikipedia』.

36 이언 데브루(Eoin Devereux), 심두보 옮김, 『미디어의 이해』, 3판(명인문화사, 2014),

96~97쪽.

37 Jean Kilbourne, 『Can't Buy My Love: How Advertising Changes the Way We Think and Feel』(New York: Touchstone, 1999), pp.96~106.

38 「Auto detailing」, 『Wikipedia』.

39 김성윤, 「톡톡톡……光……손끝에서 살아난다」, 『조선일보』, 2013년 7월 4일.

40 김윤호, 「차 닦는 게 취미…셀프세차족 10만 시대」, 『중앙일보』, 2013년 8월 6일.

41 Marvin Terban, 『Scholastic Dictionary of Idioms』(New York: Scholastic, 1996), p.122; Christine Ammer, 『The Facts on File Dictionary of Clichés』(New York: Checkmark Books, 2001), p.204. 「Jet set」, 『Wikipedia』; 「jet set」, 『네이버 영어사전』.

42 안정효, 『오역사전』(열린책들, 2013), 640쪽.

제4장 인간의 정신과 감정

1 「Emotion」, 『Wikipedia』; 조나 레러(Jonah Lehrer), 강미경 옮김, 『탁월한 결정의 비밀: 뇌신경과학의 최전방에서 밝혀낸 결정의 메커니즘』(위즈덤하우스, 2009), 49쪽.

2 정희진, 『페미니즘의 도전』(교양인, 2005), 23~24쪽.

3 에드워드 홀(Edward T. Hall), 최효선 옮김, 『침묵의 언어』(한길사, 1959/2000), 112쪽; 최현석, 『인간의 모든 감정: 우리는 왜 슬프고 기쁘고 사랑하고 분노하는가』(서해문집, 2011), 73쪽.

4 존 노프싱어(John R. Nofsinger), 이주형·신현경 옮김, 『사람의 마음을 읽으면 주식투자가 즐겁다』(스마트비즈니스, 2007/2009), 212쪽.

5 칩 히스(Chip Heath)·댄 히스(Dan Heath), 안진환 옮김, 『스위치: 손쉽게 극적인 변화를 이끌어내는 행동설계의 힘』(웅진지식하우스, 2010), 75~77쪽.

6 조지 베일런트(George E. Vaillant), 김한영 옮김, 『행복의 완성』(흐름출판, 2008/2011), 204쪽.

7 매들린 반 헤케(Madeleine L. Van Hecke), 임옥희 옮김, 『블라인드 스팟: 내가 못 보는 내 사고의 10가지 맹점』(다산초당, 2007), 236~237쪽.

8 조나 레러(Jonah Lehrer), 강미경 옮김, 『탁월한 결정의 비밀: 뇌신경과학의 최전방에서 밝혀낸 결정의 메커니즘』(위즈덤하우스, 2009), 47~49쪽.

9 조나 레러(Jonah Lehrer), 강미경 옮김, 『탁월한 결정의 비밀: 뇌신경과학의 최전방에서 밝혀낸 결정의 메커니즘』(위즈덤하우스, 2009), 60~61쪽.

10 시드니 핀켈스타인(Sydney Finkelstein)·조 화이트헤드(Jo Whitehead)·앤드루 캠벨(Andrew Campbell), 최완규 옮김, 『확신하는 그 순간에 다시 생각하라』(옥당, 2009), 92쪽.

11 허윤희, 「믿습니까? 믿습니다…여론을 움직이는 다소 위험한 숭배 '팬덤'」, 『조선일보』, 2013년 8월 10일.

12 스튜어트 다이아몬드(Stuart Diamond), 김태훈 옮김, 『어떻게 원하는 것을 얻는가』(8.0,

2010/2011), 20쪽.

13 마크 고베(Marc Gobé), 윤경구 · 손일권 · 김상률 옮김, 『공익적 브랜딩: 브랜드가 대중의 마음을 얻는 10가지 전략』(김앤김북스, 2002/2006), 26쪽.

14 엘렌 랭어(Ellen J. Langer), 변용란 옮김, 『마음의 시계: 시간을 거구로 돌리는 매혹적인 생리실험』(사이언스북스, 2009/2011), 44~45쪽.

15 임귀열, 「임귀열 영어」 Convictions of Honor for whom(누구를 위한 원칙인가)」, 『한국일보』, 2012년 10월 17일.

16 임귀열, 「임귀열 영어」 Ignorance is dangerous(무지는 위험하다)」, 『한국일보』, 2011년 11월 2일.

17 임귀열, 「임귀열 영어」 Convictions of Honor for whom(누구를 위한 원칙인가)」, 『한국일보』, 2012년 10월 17일.

18 임귀열, 「임귀열 영어」 Convictions do not imply reasons(신념은 합리가 아니다)」, 『한국일보』, 2014년 4월 9일.

19 「Anger」, 『Wikipedia』; 최현석, 『인간의 모든 감정: 우리는 왜 슬프고 기쁘고 사랑하고 분노하는가』(서해문집, 2011), 113쪽.

20 레나타 살레츨(Renata Salecl), 박광호 옮김, 『선택이라는 이데올로기』(후마니타스, 2010/2014), 50쪽.

21 브레네 브라운(Brené Brown), 서현정 옮김, 『나는 왜 내 편이 아닌가: 나를 괴롭히는 완벽주의 신화로부터 자유로워지는 법』(북하이브, 2007/2012), 230쪽.

22 임귀열, 「임귀열 영어」 Positive Ways to Express Anger(분노의 표현)」, 『한국일보』, 2014년 7월 1일.

23 임귀열, 「임귀열 영어」 방귀 뀐 놈이 화낸다」, 『한국일보』, 2009년 11월 4일.

24 맥스웰 몰츠(Maxwell Maltz), 공병호 옮김, 『맥스웰 몰츠 성공의 법칙』(비즈니스북스, 2002/2010), 234~235쪽.

25 이재호, 『문화의 오역』(동인, 2005), 281~282쪽.

26 브라이언 트레이시(Brian Tracy), 서사봉 옮김, 『백만 불짜리 습관』(용오름, 2004/2005), 9~15쪽.

27 최현석, 『인간의 모든 감각』(서해문집, 2009), 239쪽.

28 스티븐 코비(Stephen Covey), 김경섭 옮김, 『성공하는 사람들의 8번째 습관』(김영사, 2004/2005), 82~83쪽.

29 마샤 아미든 루스타드(Marcia Amidon Lusted), 조순익 옮김, 『마크 주커버그: 20대 페이스북 CEO, 8억 제국의 대통령』(해피스토리, 2011/2012), 170쪽.

30 제프 자비스(Jeff Jarvis), 위선주 옮김, 『공개하고 공유하라』(창립출판, 2011/2013), 55쪽; 「Andrew Keen」, 『Wikipedia』.

31 Bill Beavis & Richard G. McCloskey, 『Salty Dog Talk: The Nautical Origins of Everyday Expressions』(London: Adlard Coles Nautical, 2007), p.21.

32 톰 지그프리드(Tom Siegfried), 이정국 옮김, 『호모루두스: 존 내시의 게임이론으로 살펴

본 인간 본성의 비밀』(자음과모음, 2006/2010), 168~169쪽; 마크 핸더슨(Mark Henderson), 윤소영 옮김, 『상식 밖의 유전자』(을유문화사, 2009/2012), 110~115쪽.

33 「Eudaimonia」, 『Wikipedia』.

34 톰 버틀러 보던(Tom Botler-Bowdon), 오강남 옮김, 『내 인생의 탐나는 영혼의 책 50』(흐름출판, 2003/2009), 217~218쪽.

35 서은국, 『행복의 기원: 인간의 행복은 어디서 오는가』(21세기북스, 2014), 185~186쪽.

36 존 브록만, 「서문」, 존 브록만(John Brockman) 엮음, 이한음 옮김, 『마음의 과학』(와이즈베리, 2011/2012), 11쪽.

37 마틴 셀리그먼, 「에우다이모니아: 좋은 삶」, 존 브록만(John Brockman) 엮음, 이한음 옮김, 『마음의 과학』(와이즈베리, 2011/2012), 167~168쪽.

38 스콧 켈러(Scott Keller)·콜린 프라이스(Colin Price), 서영조 옮김, 『차이를 만드는 조직』(전략시티, 2011/2014), 325쪽.

제5장 인간관계와 소통

1 Jeffrey Kacirk, 『Altered English: Surprising Meanings of Familiar Words』(San Francisco, CA: Pomegranate, 2002), p.16.

2 이택광, 『영단어 인문학 산책』(난장이, 2010), 216~220쪽; 이민규, 『끌리는 사람은 1%가 다르다』(더난출판, 2009), 240쪽; 임귀열, 「임귀열 영어] Some phrases to avoid(피해야 할 표현들)」, 『한국일보』, 2011년 1월 11일.

3 David Olive, 『A Devil's Dictionary of Business Jargon』(Toronto, Canada: Key Porter Books, 2001), p.21.

4 Tal Ben-Shahar, 『Even Happier: A Gratitude Journal for Daily Joy and Lasting Fulfillment』(New York: McGraw-Hill, 2010), p.124.

5 임귀열, 「임귀열 영어] American Discourse 2(대화의 효과를 위해)」, 『한국일보』, 2011년 10월 28일.

6 John Ayto, 『Movers and Shakers: A Chronology of Words That Shaped Our Age』(New York: Oxford University Press, 2006), p.209; Sara Tulloch, 『The Oxford Dictionary of New Words』(New York: Oxford University Press, 1992), p.21.

7 Adam Makkai, 『Barron's Handbook of Commonly Used American Idioms』(Woodbury, NY: Barron's Educational Series, 1984), p.250; 「stand in awe of」, 『네이버 영어사전』.

8 올리버 버크먼(Oliver Burkeman), 김민주·송희령 옮김, 『행복중독자: 사람들은 왜 돈, 성공, 관계에 목숨을 거는가』(생각연구소, 2011/2012), 98쪽.

9 임귀열, 「임귀열 영어] Everything is AWESOME!(단어의 시대적 변화)」, 『한국일보』, 2014년 9월 4일; Sara Tulloch, 『The Oxford Dictionary of New Words』(New York: Oxford University Press, 1992), p.21.

10 조지 애컬로프(George A. Akerlof)·로버트 실러(Robert J. Schiller), 김태훈 옮김, 『야성적 충동: 인간의 비이상적 심리가 경제에 미치는 영향』(알에이치코리아, 2009), 37쪽.

11 『Time』, May 11, 2009, p.29.

12 김광기, 『우리가 아는 미국은 없다』(동아시아, 2011), 146쪽.

13 Webb Garrison, 『What's in a Word?』(Dallas, TX: Thomas Nelson, 2000), p.218.

14 「Confidence trick」, 『Wikipedia』.

15 「Overconfidence effect」, 『Wikipedia』.

16 이태훈, 「"萬行 열 달, 인도서 만난 사기꾼도 내 부처님"」, 『조선일보』, 2013년 7월 12일.

17 제러미 리프킨(Jeremy Rifkin), 안진환 옮김, 『한계비용 제로사회: 사물인터넷과 공유경제의 부상』(민음사, 2014), 382쪽.

18 제러미 리프킨(Jeremy Rifkin), 안진환 옮김, 『3차 산업혁명: 수평적 권력은 에너지, 경제, 그리고 세계를 어떻게 바꾸는가』(민음사, 2011/2012), 183쪽.

19 요차이 벤클러(Yochai Benkler), 이현주 옮김, 『펭귄과 리바이어던: 협력은 어떻게 이기심을 이기는가』(반비, 2011/2013), 114~115쪽.

20 「curmudgeon」, 『Online Etymology Dictionary』.

21 William Safire, 『Safire's Political Dictionary』(New York: Random House, 1978), pp.154~155; 「curmudgeon」, 『네이버 영어사전』.

22 크리스토퍼 히친스(Christopher Hitchens), 차백만 옮김, 『젊은 회의주의자에게 보내는 편지』(미래의창, 2001/2012), 23쪽.

23 안정효, 『오역사전』(열린책들, 2013), 430쪽.

24 Albert Jack, 『Red Herrings and White Elephants: The Origins of the Phrases We Use Every Day』(New York: HarperCollins, 2004), p.103; Jordan Almond, 『Dictionary of Word Origins: A History of the Words, Expressions, and Cliches We Use』(Secaucus, NJ: Citadel Press, 1997), p.178; 「on the level」, 『네이버 영어사전』.

25 Jordan Almond, 『Dictionary of Word Origins: A History of the Words, Expressions, and Cliches We Use』(Secaucus, NJ: Citadel Press, 1997), p.179; Charles Earle Funk, 『Thereby Hangs a Tale: Stories of Curious Word Origins』(New York: Quill, 2002), pp.209~210; Martin H. Manser, 『Get to the Roots: A Dictionary of Word & Phrase Origins』(New York: Avon Books, 1990), p.164.

26 「ostracism, ostracize」, 『네이버 영어사전』.

27 Charles Earle Funk, 『Thereby Hangs a Tale: Stories of Curious Word Origins』(New York: Quill, 2002), pp.218~219.

28 William Morris & Mary Morris, 『Morris Dictionary of Word and Phrase Origins』, 2nd ed.(New York: Harper & Row, 1971), p.442.

29 「패러사이트족」, 『네이버 국어사전』; 「패러싱글족」, 『네이버 국어사전』.

30 임귀열, 「[임귀열 영어] Let's agree to disagree(합의되는 것이라도 진행합시다)」, 『한국일보』, 2014년 7월 15일.

31 Max Cryer, 『Common Phrases』(New York: Skyhorse, 2010), p.13.

32 「Condoleezza Rice」, 『Current Biography』, 62:4(April 2001), p.76.

33 Chrysti M. Smith, 『Verbivore's Feast: A Banquet of Word & Phrase Origins』(Helena, MT: Farcountry Press, 2004), p.269.

34 William Morris & Mary Morris, 『Morris Dictionary of Word and Phrase Origins』, 2nd ed.(New York: Harper & Row, 1971), p.428.

35 David Olive, 『A Devil's Dictionary of Business Jargon』(Toronto, Canada: Key Porter Books, 2001), p.21; 「guardian angel」, 『네이버 영어사전』.

36 David Olive, 『A Devil's Dictionary of Business Jargon』(Toronto, Canada: Key Porter Books, 2001), p.21.

37 이해진, 「스타트업과 엔젤 투자자 간의 갈등」, 『머니투데이』, 2014년 10월 26일.

38 「Hells Angels」, 『Wikipedia』; Sara Tulloch, 『The Oxford Dictionary of New Words』(New York: Oxford University Press, 1992), p.14.

39 「Angelism」, 『Wikipedia』.

40 더글러스 코플런드(Douglas Coupland), 김승진 옮김, 『맥루언 행성으로 들어가다: 마셜 맥루언의 삶과 미디어 철학』(민음사, 2009/2013), 193쪽.

41 「Cynicism(contemporary)」, 『Wikipedia』.

42 임귀열, 「[임귀열 영어] Is the glass half full or half empty(절반만 채워진 잔)?」, 『한국일보』, 2011년 3월 23일.

43 Joseph N. Cappella & Kathleen Hall Jamieson, 『Spiral of Cynicism: The Press and the Public Good』(New York: Oxford University Press, 1997), pp.25, pp.246.

제6장 성性과 남녀관계

1 Albert Jack, 『Red Herrings and White Elephants: The Origins of the Phrases We Use Every Day』(New York: HarperCollins, 2004), p.149.

2 「Bombshell(sex symbol)」, 『Wikipedia』.

3 Christine Ammer, 『The Facts on File Dictionary of Clichés』(New York: Checkmark Books, 2001), p.105; 『엣센스 영한사전』, 제6정판(민중서림, 1995), 314쪽.

4 안정효, 『오역사전』(열린책들, 2013), 89~90쪽.

5 Charles Earle Funk, 『A Hog on Ice and Other Curious Expressions』(New York: HarperResource, 2001), p.131; Nigel Rees, 『Cassell's Dictionary of Word and Phrase Origins』(London: Cassell, 2002), p.39.

6 「brush off」, 『다음 영어사전』.

7 Harry Oliver, 『March Hares and Monkey's Uncles: Origins of the Words and Phrases We Use Every Day』(London: Metro, 2005), pp.84~85; 윤가현, 『동성애의 심리학』(학지사,

1997), 26쪽; John Bemelmans Marciano, 『Toponymity: An Atlas of Words』(New York: Bloomsbury, 2010), pp.82~83; Dale Corey, 『Inventing English: The Imaginative Origins of Everyday Expressions』(USA, 2007), pp.172~173; Robert Hendrickson, 『The Dictionary of Eponyms: Names That Became Words』(New York: Dorset Press, 1972), p.181; 「Lesbos」, 『Wikipedia』.

8 데이비드 버스(David Buss), 전중환 옮김, 『욕망의 진화』(사이언스북스, 2003/2007), 491쪽; 「Lesbian until graduation」, 『Wikipedia』.

9 최현석, 『인간의 모든 감정: 우리는 왜 슬프고 기쁘고 사랑하고 분노하는가』(서해문집, 2011), 205~206쪽.

10 Daniel Bell, 『The Cultural Contradictions of Capitalism』(New York: Basic Books, 1976), p.70.

11 김홍탁, 『광고, 리비도를 만나다: 김홍탁의 광고 이야기』(동아일보사, 2003), 204쪽.

12 장 클로드 볼로뉴(Jean Claude Bologne), 권지현 옮김, 『독신의 수난사』(이마고, 2006), 491쪽.

13 이은주, 「미 '혼전 순결' 캠페인 효과 없었다」, 『중앙일보』, 2007년 4월 17일, 19면.

14 Daniel J. Boorstin, 『The Image: A Guide to Pseudo-Events in America』(New York: Atheneum, 1961/1985), p.36.

15 James B. Twitchell, 『Lead Us Into Temptation: The Triumph of American Materialism』(New York: Columbia University Press, 1999), p.177.

16 Dorothy Auchter, 『Dictionary of Historical Allusions & Eponyms』(Santa Barbara, CA: ABC-CLIO, 1998), p.11.

17 「P. T. Barnum」, 『Wikipedia』.

18 Adam Makkai, 『Barron's Handbook of Commonly Used American Idioms』(Woodbury, NY: Barron's Educational Series, 1984), p.35; 「Sucker list」, 『Wikipedia』.

19 David Olive, 『A Devil's Dictionary of Business Jargon』(Toronto, Canada: Key Porter Books, 2001), p.169.

20 John Walston, 『The Buzzword Dictionary』(Oak Park, IL: Marion Street Press, 2006), p.171; 「screen sucking」, 『네이버 영어사전』.

21 데이비드 릭스(David A. Ricks), 이광철·이재유 옮김, 『초일류 기업의 비즈니스 대실수』(김영사, 1993/1995), 118쪽.

22 임귀열, 「임귀열 영어 You could use more training(좀더 분발하세요)」, 『한국일보』, 2011년 3월 25일.

23 William Safire, 『Spread the Word』(New York: Times Books, 1999), p.235.

24 일레인 볼드윈(Elaine Baldwin) 외, 조애리 외 옮김, 『문화코드, 어떻게 읽을 것인가?: 문화연구의 이론과 실제』(한울아카데미, 2004/2008), 313~314쪽.

25 에바 일루즈(Eva Illouz), 강주헌 옮김, 『오프라 윈프리, 위대한 인생』(스마트비즈니스, 2003/2006), 352~353쪽.

26 「Zuckerberg, Mark」, 『Current Biography Yearbook 2008』, pp.623~624.

27 서옥식 편저, 『오역의 제국: 그 거짓과 왜곡의 세계』(도리, 2013), 431쪽.

28 「adultery」, 『Wiktionary』; 「adultery」, 『네이버 영어사전』.

29 김성곤, 『헐리웃: 20세기 문화의 거울』(웅진출판, 1997), 173쪽.

30 Lloyd T. Grosse and Alan F. Lyster, 『1,500 Literary References Everyone Should Know』 (New York: Arco, 1983), p.218.

31 Joshua Meyrowitz, 『No Sense of Place: The Impact of Electronic Media on Social Behavior』(New York: Oxford University Press, 1985), p.298; 정철영, 「홧김에 투자한 6백 달러가 性혁명」, 『WIN』, 1997년 10월호.

32 서옥식 편저, 『오역의 제국: 그 거짓과 왜곡의 세계』(도리, 2013), 258쪽.

33 Charles Earle Funk, 『Heavens to Betsy!: And Other Curious Sayings』(New York: Quill, 1955/2001), p.191; James Rogers, 『The Dictionary of Cliches』(New York: Ballantine Books, 1985), p.315.

34 Marvin Terban, 『Scholastic Dictionary of Idioms』(New York: Scholastic, 1996), p.229.

35 『시사영어사/랜덤하우스 영한대사전』(시사영어사, 1991), 250쪽.

36 척 마틴(Chuck Martin), 장세현 옮김, 『서드 스크린: 비즈니스 패러다임을 바꾸는 모바일 혁명』(비즈니스북스, 2011), 77쪽.

37 이신영, 「[Weekly BIZ] [Cover Story] '함께 일해요' 펴낸 '화성에서 온 남자, 금성에서 온 여자' 저자 존 그레이」, 『조선일보』, 2013년 10월 26일.

38 이남석, 『편향: 나도 모르게 빠지는 생각의 함정』(옥당, 2013), 159쪽; 「Bias blind spot」, 『Wikipedia』.

39 셰릴 샌드버그(Sheryl Sandberg), 안기순 옮김, 『린 인』(와이즈베리, 2013), 231쪽.

40 Simon Mort, ed., 『Longman Guardian New Words』(Harlow, England: Longman, 1986), p.89; 「Heterosexism」, 『Wikipedia』.

41 서옥식 편저, 『오역의 제국: 그 거짓과 왜곡의 세계』(도리, 2013), 58~59쪽.

42 「Asexuality」, 『Wikipedia』; 이현택, 「남도 여도 흥미 없다…무성애자 7,000만 명」, 『중앙일보』, 2012년 8월 21일.

43 앤서니 보개트(Anthony F. Bogaert), 임옥희 옮김, 『무성애를 말하다』(레디셋고, 2013).

44 정여울, 「[책과 지식] 연애, 결혼, 섹스…그게 뭐 목숨 걸 일이라고!」, 『중앙일보』, 2013년 7월 20일.

45 아리아나 허핑턴(Ariana Huffington), 이현주 옮김, 『담대하라, 나는 자유다』(해냄, 2006/2012), 98~99쪽.

제7장 정치 · 행정 · 언론

1 William Safire, 『Safire's Political Dictionary』(New York: Random House, 1978), p.31.

2 김정욱, 「[취재일기] 중진 의원 되면 왜 뒷자리에 숨나」, 『중앙일보』, 2012년 7월 11일.

3 「slush」, 『네이버 영어사전』.

4 Douglas B. Smith, 『Ever Wonder Why?』(New York: Fawcett Gold Medal, 1991), p.84.

5 Lynette Padwa, 『Everything You Pretend to Know and Are Afraid Someone Will Ask』 (New York: Penguin Books, 1996), p.150.

6 「slush」, 『다음 영어사전』.

7 David Schoenbrun, 『America Inside Out: At Home and Abroad from Roosevelt to Reagan』(New York: McGraw-Hill, 1984), p.21.

8 「Fireside chats」, 『Wikipedia』.

9 William E. Leuchtenburg, 『Franklin D. Roosevelt and the New Deal, 1932~1940』(New York: Harper & Row, 1963); H. G. Nicholas, 「Roosevelt and Public Opinion」, 『Forthnightly』, 163(May 1945), pp.303~308.

10 Waldo W. Braden & Earnest Brandenburg, 「Roosevelt's Fireside Chats」, 『Speech Monographs』, 22(November 1955), pp.290~302.

11 James MacGregor Burns, 『Roosevelt: The Lion and the Fox』(New York: Harcourt Brace, 1956).

12 케네스 데이비스(Kenneth C. Davis), 이순호 옮김, 『미국에 대해 알아야 할 모든 것, 미국사』(책과함께, 2004), 411쪽.

13 Charles Earle Funk, 『Thereby Hangs a Tale: Stories of Curious Word Origins』(New York: Quill, 2002), p.61; John Ayto, 『Word Origins: The Hidden Histories of English Words from A to Z』, 2nd ed.(London, UK: A & C Black, 2005), p.92; 「캔버스[canvas]」, 『네이버 지식백과』; 「canvass」, 『네이버 영어사전』.

14 Christine Ammer, 『The Facts on File Dictionary of Clichés』(New York: Checkmark Books, 2001), p.133.

15 곽아람, 「맞아, 내 예술은 '오타쿠(특정 분야에 몰두하는 사람)'야」, 『조선일보』, 2013년 7월 3일.

16 William Safire, 『Safire's Political Dictionary』(New York: Random House, 1978), pp.234~235.

17 안정효, 『오역사전』(열린책들, 2013), 17쪽.

18 William Safire, 『Safire's Political Dictionary』(New York: Random House, 1978), pp.7~8.

19 Martin H. Manser, 『Get to the Roots: A Dictionary of Word & Phrase Origins』(New York: Avon Books, 1990), pp.171~172; Adam Makkai, 『Barron's Handbook of Commonly Used American Idioms』(Woodbury, NY: Barron's Educational Series, 1984), p.211.

20 리처드 스텐걸(Richard Stengel), 임정근 옮김, 『아부의 기술: 전략적인 찬사, 아부에 대한 모든 것』(참솔, 2000/2006), 44쪽.

21 Dalton Conley, 『The Pecking Order: A Bold New Look at How Family and Society Determine Who We Become』(New York: Vintage Books, 2004/2005).

22 유정식, 『경영, 과학에게 길을 묻다: 과학의 시선으로 풀어보는 경영 이야기』(위즈덤하우스, 2007), 142~143쪽.

23 「Round-robin」, 『Wikipedia』; 「라운드 로빈」, 『다음 백과사전』; 「품의서[round robin, 稟議書]」, 『네이버 지식백과』.

24 Jordan Almond, 『Dictionary of Word Origins: A History of the Words, Expressions, and Cliches We Use』(Secaucus, NJ: Citadel Press, 1997), p.210.

25 William Morris & Mary Morris, 『Morris Dictionary of Word and Phrase Origins』, 2nd ed.(New York: Harper & Row, 1971), pp.498~499; 「Round-robin」, 『Wikipedia』.

26 이한우, 「보부상의 현대적 의미」, 『전통과 현대』, 1997년 겨울호, 92쪽.

27 Adam Makkai, 『Barron's Handbook of Commonly Used American Idioms』(Woodbury, NY: Barron's Educational Series, 1984), pp.227~228.

28 William Safire, 『Take My Word For It』(New York: Owl Book, 1986), pp.53~55.

29 Cooper Lawrence, 『The Cult of Celebrity: What Our Fascination with the Stars Reveals About Us』(Guilford, Conn.: skirt!, 2009), p.14.

30 Orin Hargraves, ed., 『New Words』(New York: Oxford University Press, 2004), p.98; 「Entitlement」, 『Wikipedia』; 『시사영어사/랜덤하우스 영한대사전』(시사영어사, 1991), 745쪽.

31 이호규, 「정보격차 논의에 대한 비판적 고찰: 집단수준의 논의에서 개인수준의 논의로」, 『한국언론학보』, 제53권 6호(2009년 12월), 21쪽.

32 박재성, 「'경제민주화'와 '가계부채' 접근법」, 『디지털타임스』, 2012년 8월 7일.

33 이성훈, 「[글로벌 포커스] 대처의 아들 캐머런 "정부 의존해 살 생각 말라"」, 『조선일보』, 2012년 6월 27일.

34 폴 슈메이커(Paul Schumaker), 조효제 옮김, 『진보와 보수의 12가지 이념: 다원적 공공정치를 위한 철학』(후마니타스, 2008/2010), 692~693쪽.

35 「fabulous」, 『네이버 영어사전』.

36 전병근, 「美 '개념 배우(마이크 데이지)'의 거짓 르포… '大義'가 변명이 될까?」, 『조선일보』, 2012년 3월 21일.

37 「Mike Daisey」, 『Wikipedia』.

38 Jeffrey P. Jones, 『Entertaining Politics: New Political Television and Civic Culture』(New York: Rowman & Littlefield, 2005), pp.47~48.

39 Michael Wolff, 『The Man Who Owns the News: Inside the Secret World of Rupert Murdoch』(New York: Broadway Books, 2008/2010), p.282; 최경영, 「폭스뉴스의 '미친' 존재감」, 『시사인』, 제174호(2011년 1월 21일).

40 Paul R. La Monica, 『Inside Rupert's Brain』(New York: Portfolio, 2009), p.76.

41 David Brock, Ari Rabin-Havt & Media Matters for America, 『The Fox Effect: How Roger Ailes Turned a Network into a Propaganda Machine』(New York: Anchor Books, 2012), p.59.

42 하태원, 「폭스뉴스」, 『동아일보』, 2011년 10월 5일; James L. Baughman, 『The Republic of Mass Culture: Journalism, Filmmaking, and Broadcasting in America since 1941』, 3rd ed.(Baltimore, MD: The Johns Hopkins University Press, 2006); David Carr & Tim Arango, 「A Fox Chief at the Pinnacle of Media and Politics」, 『The New York Times』, January 10, 2010; Peter Hart, 『the Oh Really? factor: Unspinning Fox New Channel's Bill O'Reilly』(New York: Seven Stories Press, 2003); Kerwin Swint, 『Dark Genius: The Influential Career of Legendary Political Operative and Fox News Founder Roger Ailes』(New York: Union Square Press, 2008), pp.160~164.

43 폴 에얼릭(Paul R. Ehrlich)·로버트 온스타인(Robert Ornstein), 고기탁 옮김, 『공감의 진화: '우리' 대 '타인'을 넘어선 공감의 진화인류학』(에이도스, 2010/2012), 208쪽.

44 Sara Tulloch, 『The Oxford Dictionary of New Words』(New York: Oxford University Press, 1992), p.271; 마틴 레이먼드(Martin Raymond), 박정숙 옮김, 『미래의 소비자들』(에코비즈, 2003/2006), 418쪽.

45 Allan Metcalf & David K. Barnhart, 『America In So Many Words: Words That Have Shaped America』(New York: Houghton Mifflin, 1997), p.269.

46 권혁남, 『미디어 정치 캠페인』(커뮤니케이션북스, 2014), 134쪽.

47 「Sound bite」, 『Wikipedia』.

48 Jordan Almond, 『Dictionary of Word Origins: A History of the Words, Expressions, and Cliches We Use』(Secaucus, NJ: Citadel Press, 1997), p.60; 『시사영어사/랜덤하우스 영한대사전』(시사영어사, 1991), 429쪽.

49 Sharon Zukin, 『Point of Purchase: How Shopping Changed American Culture』(New York: Routledge, 2004/2005), p.236.

50 임귀열, 「[임귀열 영어] Click-bait whoring is a sin(제목 낚시질은 죄악)」, 『한국일보』, 2012년 3월 19일.

51 박승희, 「페이스북 '좋아요' 클릭 7억 원 쏟아 20배로 미 국무부 꼼수 들통」, 『중앙일보』, 2013년 7월 5일.

52 정세라, 「1달러에 페북 '좋아요' 1000번…방글라데시서 '클릭 공장' 성업 중」, 『한겨레』, 2013년 8월 5일.

53 「troll」, 『다음 영어사전』.

54 재론 래이니어(Jaron Lanier), 김상현 옮김, 『디지털 휴머니즘: 디지털 시대의 인간회복 선언』(에이콘, 2010/2011), 109쪽.

55 황용석, 「'일베' 같은 트롤링 사이트를 다루는 태도」, 『한겨레』, 2013년 4월 30일.

56 매트 리들리(Matt Ridley), 조현욱 옮김, 『이성적 낙관주의자: 번영은 어떻게 진화하는가?』(김영사, 2010), 400쪽.

1 「benchmark」, 『다음 영어사전』; 「benchmarking」, 『다음 영어사전』.

2 Chrysti M. Smith, 『Verbivore's Feast: A Banquet of Word & Phrase Origins』(Helena, MT: Farcountry Press, 2004), p.29; 「벤치마킹[benchmarking]」, 『네이버 지식백과』; 노진서, 『영단어, 지식을 삼키다』(이담, 2014), 102~103쪽; 유정식, 『경영, 과학에게 길을 묻다: 과학의 시선으로 풀어보는 경영 이야기』(위즈덤하우스, 2007), 48쪽.

3 유정식, 『경영, 과학에게 길을 묻다: 과학의 시선으로 풀어보는 경영 이야기』(위즈덤하우스, 2007), 41쪽, 44~45쪽.

4 장세진, 「[Weekly BIZ] [장세진 교수의 '전략 & 인사이트'] 기업, 싸이를 벤치마킹해선 안 되는 이유」, 『조선일보』, 2014년 3월 1일.

5 Webb Garrison, 『What's in a Word?』(Dallas, TX: Thomas Nelson, 2000), p.82.

6 서옥식 편저, 『오역의 제국: 그 거짓과 왜곡의 세계』(도리, 2013), 443쪽.

7 김민영, 『승리의 법칙: 전쟁사로 보는 마케팅 전략』(비즈니스맵, 2010), 297~298쪽.

8 곽준식, 『브랜드, 행동경제학을 만나다』(갈매나무, 2012), 265쪽.

9 필립 코틀러(Philip Kotler), 홍성태·윤성욱 옮김, 『마케팅의 10가지 치명적 실수』(세종서적, 2004/2005), 78쪽.

10 김난도 외, 『트렌드코리아 2013』(미래의창, 2012), 142쪽; 「Mergers and acquisitions」, 『Wikipedia』.

11 이미아, 「"30일 뒤면 내 회사 사라져요"…美 IT 벤처 창업자, 실패 스토리 블로그 연재 화제」, 『한국경제』, 2013년 7월 3일.

12 이지훈, 「우리나라엔 왜 '텀블러 神話'가 없을까」, 『조선일보』, 2013년 6월 26일.

13 Christine Ammer, 『The Facts on File Dictionary of Clichés』(New York: Checkmark Books, 2001), p.409; Adam Makkai, 『Barron's Handbook of Commonly Used American Idioms』(Woodbury, NY: Barron's Educational Series, 1984), p.271; 『엣센스 영한사전』, 제6정판(민중서림, 1995), 2322쪽.

14 재닛 로(Janet Lowe), 배현 옮김, 『구글 파워: 전 세계 선망과 두려움의 기업』(애플트리태일즈, 2009/2010), 326~327쪽.

15 더글러스 러시코프(Douglas Rushkoff), 김상현 옮김, 『통제하거나 통제되거나: 소셜 사대를 살아가는 10가지 생존법칙』(민음사, 2010/2011), 96~98쪽.

16 「comfort zone」, 『네이버 지식백과』; 세스 고딘(Seth Godin), 박세연 옮김, 『이카루스 이야기: 생각을 깨우는 변화의 힘』(한국경제신문, 2012/2014), 28쪽.

17 세스 고딘(Seth Godin), 박세연 옮김, 『이카루스 이야기: 생각을 깨우는 변화의 힘』(한국경제신문, 2012/2014), 28쪽.

18 올리버 버크먼(Oliver Burkeman), 김민주·송희령 옮김, 『행복중독자: 사람들은 왜 돈, 성공, 관계에 목숨을 거는가』(생각연구소, 2011/2012), 26~27쪽.

19 「Trim tab」, 『Wikipedia』.

20 스티븐 코비(Stephen Covey), 김경섭 옮김, 『성공하는 사람들의 8번째 습관』(김영사, 2004/2005), 188~189쪽.

21 스티븐 코비(Stephen Covey), 김경섭 옮김, 『성공하는 사람들의 8번째 습관』(김영사, 2004/2005), 200~201쪽.

22 노진서, 『영단어, 지식을 삼키다』(이담, 2014), 37~38쪽.

23 제인 맥고니걸(Jane McGonigal), 김고명 옮김, 『누구나 게임을 한다: 그동안 우리가 몰랐던 게임에 대한 심층적 고찰』(알에이치코리아, 2011/2012), 372쪽.

24 강수돌, 『팔꿈치 사회: 경쟁은 어떻게 내면화되는가』(갈라파고스, 2013), 37쪽, 52쪽.

25 John Ayto, 『Word Origins: The Hidden Histories of English Words from A to Z』, 2nd ed.(London, UK: A & C Black, 2005), pp.236-237; 「Gambit」, 『Wikipedia』; 「gambit」, 『네이버 영어사전』.

26 임귀열, 「임귀열 영어」 Gambits in Conversation(대화의 양념)」, 『한국일보』, 2012년 8월 3일.

27 「레버리지[leverage]」, 『네이버 지식백과』; Simon Mort, ed., 『Longman Guardian New Words』(Harlow, England: Longman, 1986), p.110; Sara Tulloch, 『The Oxford Dictionary of New Words』(New York: Oxford University Press, 1992), pp.180~181.

28 David Olive, 『A Devil's Dictionary of Business Jargon』(Toronto, Canada: Key Porter Books, 2001), p.100; 임귀열, 「임귀열 영어」 Let's avoid buzz words」, 『한국일보』, 2010년 12월 2일.

29 마틴 레이먼드(Martin Raymond), 박정숙 옮김, 『미래의 소비자들』(에코비즈, 2003/2006), 295쪽.

30 발라 차크라바시(Bala Chakravarthy) · 수 맥에빌리(Sue McEvily), 「기업경영과 기업회생」, 가즈오 이치조 · 이쿠지로 노나카 엮음, 정재봉 옮김, 『지식창조경영』(디자인하우스, 2007/2010), 346쪽.

31 니얼 퍼거슨(Niall Ferguson), 구세희 옮김, 『위대한 퇴보』(21세기북스, 2012/2013), 11쪽.

32 「디레버리징 패러독스[The Paradox of Deleveraging]」, 『네이버 지식백과』.

33 신완선, 『CEO 27인의 리더십을 배우자』(물푸레, 1999), 59쪽; 왕중추(汪中求) · 주신웨(朱新月), 이지은 옮김, 『퍼펙트워크』(다산북스, 2011/2014), 282쪽.

34 잭 웰치(Jack Welch) · 수지 웰치(Suzy Welch), 김주현 옮김, 『위대한 승리』(청림출판, 2005), 285~288쪽.

35 박광태, 「서비스 기업 "6시그마 좋아 좋아"」, 『주간동아』, 2005년 8월 2일, 68면.

36 조엘 베스트(Joel Best), 안진환 옮김, 『댓츠 어 패드(That's a fad!): 개인과 조직이 일시적 유행에 현혹되지 않는 5가지 방법』(사이, 2006), 85~88쪽.

37 로버트 헬러(Robert Heller), 김한영 옮김, 『워렌 버펫』(황금가지, 2000/2001), 124쪽.

1 Peter W. Cookson, Jr. & Kristina Berger, 『Expect Miracles: Charter Schools and the Politics of Hope and Despair』(Boulder, Co.: Westview Press, 2004); Herbert J. Walberg, 『School Choice: The Findings』(Washington, D.C.: Cato Institute, 2007), pp.28~47; 「Charter Scool」, 『Wikipedia』.

2 정시행, 「NYT "부자 기부 의존은 민주주의 위협"」, 『조선일보』, 2011년 11월 28일.

3 니얼 퍼거슨(Niall Ferguson), 구세희 옮김, 『위대한 퇴보』(21세기북스, 2012/2013), 168~169쪽.

4 쓰쓰미 미카(堤未果), 김경인 옮김, 『주식회사 빈곤대국 아메리카: 검은 자본에 점령당한 미국의 몰락』(월컴퍼니, 2013/2014), 196쪽.

5 The Editors of The American Heritage Dictionaries, 『Word Mysteries & Histories』(Boston, Mass.: Houghton Mifflin, 1986), p.191; 「pupil」, 『네이버 영어사전』.

6 James Rogers, 『The Dictionary of Cliches』(New York: Ballantine Books, 1985), p.9; 안정효, 『영화로 배우는 영어 뒤집어지는 영어』(세경, 2007), 16~17쪽; 「apple of eye」, 『다음 영어사전』.

7 Jordan Almond, 『Dictionary of Word Origins: A History of the Words, Expressions, and Cliches We Use』(Secaucus, NJ: Citadel Press, 1997), p.216.

8 Charles Earle Funk, 『Thereby Hangs a Tale: Stories of Curious Word Origins』(New York: Quill, 2002), p.253.

9 Adam Makkai, 『Barron's Handbook of Commonly Used American Idioms』(Woodbury, NY: Barron's Educational Series, 1984), p.234; 「School of Hard Knocks」, 『Wikipedia』; 「school of hard knocks」, 『네이버 영어사전』.

10 조너선 코졸(Jonathan Kozol), 김명신 옮김, 『야만적 불평등: 미국의 공교육은 왜 실패했는가』(문예출판사, 1991/2010), 98쪽; 「Preschool Education」, 『Wikipedia』.

11 Charles Earle Funk, 『A Hog on Ice and Other Curious Expressions』(New York: HarperResource, 2001), p.173; Wilfred Funk, 『Word Origins and Their Romantic Stories』(New York: Funk & Wagnalls, 1968), p.59; Jordan Almond, 『Dictionary of Word Origins: A History of the Words, Expressions, and Cliches We Use』(Secaucus, NJ: Citadel Press, 1997), p.88; 「Etiquette」, 『Wikipedia』; 조승연, 「[Weekly BIZ] [인문학으로 배우는 비즈니스 영어] etiquette」, 『조선일보』, 2013년 11월 30일.

12 장 노엘 카페레(Jean Noel Kapferer)·뱅상 바스탱(Vincent Bastein), 손주연 옮김, 『럭셔리 비즈니스 전략』(미래의창, 2009/2010), 156~157쪽.

13 김겨울, 「청순 글래머 가고 '베이글녀' 시대: 신민아 이민정 유인나, '베이글녀' 트로이카」, 『머니투데이』, 2010년 9월 29일.

14 Charles Earle Funk, 『Thereby Hangs a Tale: Stories of Curious Word Origins』(New York: Quill, 2002), pp.132~133; Charles Earle Funk & Charles Earle Funk, Jr., 『Horsefeathers

and Other Curious Words』(New York: Quill, 1958/2002), p.209; 『엣센스 영한사전』, 제6
정판(민중서림, 1995), 1117쪽.

15 EBS 3분영어 제작팀, 『생각하는 영어사전 ing 2』(인물과사상사, 2010), 131쪽.

16 서옥식 편저, 『오역의 제국: 그 거짓과 왜곡의 세계』(도리, 2013), 47쪽.

17 조지은, 『한국어 속에 숨어 있는 영어 단어 이야기』(박이정, 2014), 165쪽.

18 임귀열, 「[임귀열 영어] Simple English, Plain English(쉬운 영어 스타일)」, 『한국일보』,
2012년 12월 11일.

19 김성모, 「한국서만 화려해지는 담뱃갑, 청소년을 유혹」, 『조선일보』, 2013년 7월 1일; 김
성모, 「외국선 담배에 경고 그림 의무화…한국은 국회 처리 무산」, 『조선일보』, 2013년
7월 1일.

20 William Morris & Mary Morris, 『Morris Dictionary of Word and Phrase Origins』, 2nd
ed.(New York: Harper & Row, 1971), p.492; 박지향, 『제국주의: 신화와 현실』(서울대학
교출판부, 2000), 77쪽.

21 William Safire, 『Safire's Political Dictionary』(New York: Random House, 1978),
pp.71~72.

제10장 민족과 인종

1 Jordan Almond, 『Dictionary of Word Origins: A History of the Words, Expressions, and
Cliches We Use』(Secaucus, NJ: Citadel Press, 1997), p.127; Charles Earle Funk, 『Thereby
Hangs a Tale: Stories of Curious Word Origins』(New York: Quill, 2002), p.27; 움베르토
에코(Umberto Eco), 김희정 옮김, 『적을 만들다: 특별한 기회에 쓴 글들』(열린책들,
2011/2014), 14쪽; 『시사영어사/랜덤하우스 영한대사전』(시사영어사, 1991), 185쪽.

2 「barbarian」, 『네이버 영어사전』.

3 안정효, 『오역사전』(열린책들, 2013), 54~55쪽.

4 안정효, 『오역사전』(열린책들, 2013), 36쪽.

5 케네스 데이비스(Kenneth C. Davis), 이충호 옮김, 『당신이 성경에 대해 알아야 할 모든
것』(웅진지식하우스, 1998/2011), 292~293쪽; 존 스틸 고든(John Steele Gordon), 강남규
옮김, 『월스트리트제국: 금융자본권력의 역사 350년』(참솔, 1999/2002), 245쪽;
「Antisemitism」, 『Wikipedia』.

6 빌 브라이슨(Bill Bryson), 정경옥 옮김, 『빌 브라이슨 발칙한 영어산책: 엉뚱하고 발랄한
미국의 거의 모든 역사』(살림, 1994/2009), 260쪽; 가브리엘 콜코(Gabriel Kolko), 지소철
옮김, 『제국의 몰락: 미국의 패권은 어떻게 무너지는가』(비아북, 2009), 134~138쪽.

7 홍익희, 『유대인 이야기: 그들은 어떻게 부의 역사를 만들었는가』(행성B, 2013), 528쪽,
568쪽.

8 오치 미치오(越智道雄), 곽해선 옮김, 『와스프: 미국의 엘리트는 어떻게 만들어지는가』

(살림, 1998/1999), 173쪽.

9　주영재, 「"아프리카계 유대인 피는 줘도 안 써" 이스라엘 국제구호단체서 인종차별」, 『경향신문』, 2013년 12월 13일.

10　「Franchising」, 『Wikipedia』.

11　조승연, 「인문학으로 배우는 비즈니스 영에] franchise」, 『조선일보』, 2013년 4월 13일.

12　박태희, 「프랜차이즈가 뭔가요」, 『중앙일보』, 2013년 7월 17일.

13　기영노, 『농담하는 프로야구』(미래를소유한사람들, 2012), 144쪽; 「프랜차이즈 플레이어」, 『네이버 지식백과』; 「Franchise player」, 『Wikipedia』.

14　최승현, 「최장집 "민주당은 구심점 없는 프랜차이즈 정당"」, 『조선일보』, 2013년 8월 1일.

15　Douglas B. Smith, 『Ever Wonder Why?』(New York: Fawcett Gold Medal, 1991), p.5; Harry Oliver, 『Cat Flaps and Mousetraps: The Origins of Objects in Our Daily Lives』 (London: Metro, 2007), pp.67~68.

16　Myron Korach, 『Common Phrases and Where They Come From』, 2nd ed.(Guilford, CT: The Lyons Press, 2008), p.35.

17　이유주현, 「'합병 반대' 타타르족, 조상들처럼 또 떠돌이?」, 『한겨레』, 2014년 3월 18일.

18　John Ayto, 『Word Origins: The Hidden Histories of English Words from A to Z』, 2nd ed.(London, UK: A & C Black, 2005), p.261.

19　주디스 잭 핼버스탬(Judith Jack Halberstam), 이화여대 여성학과 퀴어 · LGBT 번역 모임 옮김, 『가가 페미니즘: 섹스, 젠더, 그리고 정상성의 종말』(이매진, 2012/2014), 168쪽; 「Redlining」, 『Wikipedia』.

20　더글러스 러시코프(Douglas Rushkoff), 오준호 옮김, 『보이지 않는 주인: 인간을 위한 경제는 어떻게 파괴되었는가』(웅진지식하우스, 2009/2011), 104쪽.

21　『시사영어사/랜덤하우스 영한대사전』(시사영어사, 1991), 1925쪽.

22　James Rogers, 『The Dictionary of Cliches』(New York: Ballantine Books, 1985), p.312; 「Red line(phrase)」, 『Wikipedia』; 「The Thin Red Line(1998 film)」, 『Wikipedia』; 김형근, 「인류의 광기 질타하는 '씬 레드 라인'」, 『연합뉴스』, 1999년 2월 8일.

23　John Ayto, 『Word Origins: The Hidden Histories of English Words from A to Z』, 2nd ed.(London, UK: A & C Black, 2005), p.554; 구본준, 「여기저기서 좀비 좀비 대체 넌 정체가 뭐니?」, 『한겨레』, 2013년 8월 14일.

24　「Zombie」, 『Wikipedia』.

25　「Digital Zombie」, 『Wikipedia』; Simon Mort, ed., 『Longman Guardian New Words』 (Harlow, England: Longman, 1986), p.219.

26　문강형준, 「좀비, 우리의 거울」, 『한겨레』, 2012년 2월 4일.

27　어수웅 · 변희원, 「어쩌다 세상은 좀비 · 전염병에 열광하게 됐나」, 『조선일보』, 2013년 3월 19일.

28　어수웅 · 변희원, 「어쩌다 세상은 좀비 · 전염병에 열광하게 됐나」, 『조선일보』, 2013년 3월 19일.

29 구본준, 「여기저기서 좀비 좀비 대체 넌 정체가 뭐니?」, 『한겨레』, 2013년 8월 14일.

30 권석천, 「'폭염 좀비' 들이 출몰하는 나라」, 『중앙일보』, 2013년 8월 14일.

31 곽아람, 「美 캠퍼스 '좀비 열풍'」, 『조선일보』, 2014년 3월 15일.

32 엄보운, 「한국 대기업 다니는 美 직장인들 "칼출근 시키면서 칼퇴근은 눈치 줘…친구들아, 오지 마"」, 『조선일보』, 2014년 3월 15일.

33 David Olive, 『A Devil's Dictionary of Business Jargon』(Toronto, Canada: Key Porter Books, 2001), p.190.

34 John Walston, 『The Buzzword Dictionary』(Oak Park, IL: Marion Street Press, 2006), p.221.

인문학은 언어에서 태어났다

ⓒ 강준만, 2014

초판 1쇄 2014년 12월 8일 펴냄
초판 3쇄 2018년 12월 4일 펴냄

지은이 | 강준만
펴낸이 | 강준우
기획·편집 | 박상문, 김소현, 박효주, 김환표
디자인 | 최원영
마케팅 | 이태준
관리 | 최수향
인쇄·제본 | 대정인쇄공사

펴낸곳 | 인물과사상사
출판등록 | 제17-204호 1998년 3월 11일

주소 | 04037 서울시 마포구 양화로7길 4(서교동) 2층
전화 | 02-325-6364
팩스 | 02-474-1413
www.inmul.co.kr | insa@inmul.co.kr

ISBN 978-89-5906-311-6 03300
값 15,000원

이 도서의 국립중앙도서관 출판시도서목록(CIP)은 서지정보유통지원시스템 홈페이지(http://seoji.nl.go.kr)와
국가자료공동목록시스템(http://www.nl.go.kr/kolisnet)에서 이용하실 수 있습니다.
(CIP제어번호 : CIP2014034421)